中国民间文学入门寻味

李中昕　编著

贵州出版集团
贵州人民出版社

出版说明

兴趣是最好的老师，知识的学习更是如此。如果学习者缺乏兴趣，阅读就将是一个枯燥无味的过程，轻松快乐的学习也就无从谈起。基于这样的事实，本着"兴趣阅读、快乐学习"的理念，我们经过深入调研，与国内的众多专家学者及一线教师全力合作，为所有希望将学习变得轻松愉快的朋友奉献上"快乐阅读"书系。

"快乐阅读"书系，以知识的轻松学习为核心，强调阅读的趣味性。它力求将各种枯燥无味的知识以轻松快乐的方式呈现，让读者朋友便于理解接受。它的各种努力，只有一个目标，即力图将知识学习过程轻松化、趣味化。读者朋友在阅读过程中，既能保持心情愉快，又能学有所得。在轻松愉快的氛围中学习，让知识学习成为读者朋友的兴趣，本身就是提高学习效率最有效的途径。

"快乐阅读"书系首批图书分为"语文知识"、"作文知识"、"数学知识"、"文学导步"、"文学欣赏"、"语言文化"、"个人修养"七大板块，各个板块之下又有细分。英语、生物、化学等相关的知识板块将会在以后陆续推出。针对不同学科知识的特点，本书系以不同的方式来达到轻松快乐的目的。要么是以故事的形式，在故事的展开之中融入相关知识；要么是理清该知识点的背景，追根溯源，让读者朋友知其然，更知其所以然，让理解更为轻松。总而言之，就是以最恰当的方式呈现相关的知识。

希望这套"快乐阅读"书系能陪伴每一位读者朋友度过美好的阅读时光。

编　者
2014 年 5 月

目 录

中国民间文学入门寻味

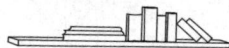

开篇导游

在人类创造的文艺百花园中,有一朵由各族劳动人民直接养育的、永不凋零的鲜花,那就是民间文学。民间文学是文学的源头,在文字尚未发现之前它就已经产生了。而且,在原始公社时代,没有专业作家,民间文学就是唯一的文学形式。当然,在那个时候,也就无所谓"民间"不"民间"、"专业"不"专业"了。自从阶级产生以后,开始出现专业写书人,就有了"作家文学",于是老百姓口耳相传的文学就和文人墨客所创作的文学分道扬镳,一俗一雅,二者开始走向了平行发展的道路。

原始社会,没有文字;后来到了奴隶社会,生活在最底层社会空间的劳动人民识字率也很低,但是,他们却从来都少不了文学。劳动人民通过有声语言创作了各种文学作品,以此来表达自己的思想感情,再通过口耳相传,最终家喻户晓。可以说,民间文学没有"作者",只有"演述人"。中国历史悠久,地大物博,文化纷呈,民间文学在口口相传的过程中,由于时间、空间、社会条件等的不同,其常常因时而异,因地而异,因人而异,这就形成了它的时代性、地方性与民族性。

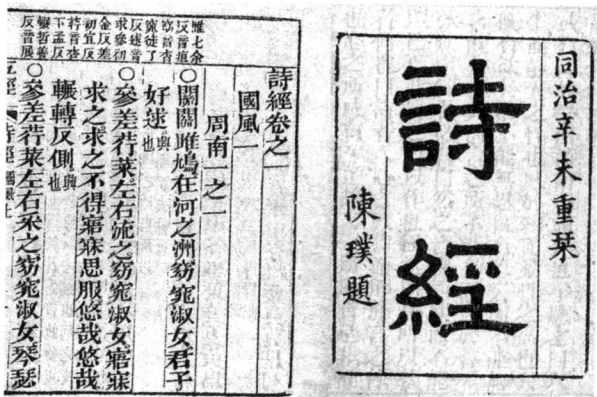

清代同治年间刻本《诗经》

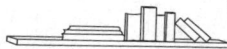

民间文学在口头流传的过程中，作者不可能署名，因此民间文学中有很多都是无名氏的作品。但是，不要小瞧这些"下里巴人"，其优秀之作可以和大文豪的"阳春白雪"相媲美。比如，我国第一部诗歌总集《诗经》中的古代歌谣，很多都是由当时以咏诗作曲为职业的乐师从民间采集上来的。它的温柔敦厚，它的清爽率真，受到历代人民的尊崇，其历经两千年，似乎已经成为一种文化基因，融入中华文明的血液中。除采集民歌之外，我国还有人将民间流传的神话、传说等用文字记载下来编集成书。众所熟知的《山海经》就是由此而来，它是保存神话资料最丰富的一部书。

民间文学是广大人民群众创造的最古老的文学，它可以追根溯源到人类社会发展的初始阶段；同时，民间文学也是最年轻的文学，它依旧活跃在人民的日常生活之中，随时可见，随处可感。可以说，民间文学是整个社会文化的根基，富有极强的生命力。

民间文学是百姓真情的流露，是民众狂欢的形式，是民间文化最富有色彩的组成部分。相信每一位中国人都有接触和感受，并深受其影响。流传广泛的盘古开天辟地的神话、梁山伯与祝英台的爱情传说、狼外婆的童话、阿凡提的故事等等，更是千古流传，众人皆知。上至八旬老人，下至三岁孩童，都会被它悠久的历史、古朴的艺术、淳真的表达、甘美幽默的话语、刚健清新的气息所陶醉。民间文学里蕴藏着丰厚的宝藏，从最长的诗歌到最短的谚语，从神通广大的仙人到平凡普通的百姓，从天上的巨龙到地上的小蚁，它那无数的珍品，已然成了当之无愧的美的范例、爱的象征。它就像是山涧的溪流、地下的甘泉、晨日下的露珠，没有了它们，人类的童年去哪里找寻？没有了它们，难忘的岁月去哪里纪念？没有了它们，故乡的思念去哪里寄托？没有了它们，人类的欢乐与悲伤甚至会变得干涸与黯淡。

民间文学在文学史上具有崇高的地位：我国历史上重要的文学形式，不管是诗词歌赋，还是小说、散文与戏曲，几乎都来源于民间文学；我国历代文学顶峰，无论是诗经、楚辞，还是唐诗、宋词与元曲，都与民间文学有着深刻的渊源……由此可见,民间文学有多么重要啊!

不依规矩,不成方圆。既然我们游走在民间文学中,是时候该为民间文学下个定义了:民间文学是从民间滋生,由广大劳动人民用自己最熟悉的传统民间形式创作,并在人民群众中广泛流传的文学作品。

按照体裁,对民间文学进行划分,可以归结为三大类:

1. 民间故事——包括民间神话、民间传说、民间童话、民间寓言、民间笑话等。

2. 民间诗歌——包括民间歌谣、民间谚语、民间谜语、歇后语、民间长诗等。

3. 民间文艺——包括民间说唱和民间小戏等。

以上三大类体裁,是民间文学的传统形式。下面,逐一为大家展现每种形式的独特风采。

自从我们呱呱坠地起,就开始与这个世界打交道。可是,这个世界是从何而来的呢? 早在宇宙之初,我们的原始先民们就开始思考这一重大问题。由于他们的思维尚且处于低级阶段,因此,无论是对千奇百怪的自然现象,还是对难以理解的生理特征,他们只要产生疑问和困惑,感到不解和茫然,总喜欢用一种超自然的力量来解释一切。我们给这种超自然的力量取名为"神",给这种拿"神"来解释一切的说法取名为"神话"。

神话,是关于神的民间故事,它给人的第一印象就是"神"——神奇、神秘,不可企及。如果用一句话概括,神话就是在描绘神仙创造的神秘世界。花开花落、月圆月缺、日月星辰东升西落、江河湖海奔腾不息,原始先民们把这些所有美妙的自然现象都归结于神的旨意和意志。神话虽然产生于现实基础之上,反映的是人们的社会生活,但是它是以"幻想的形式"出现,以"神秘的力量"安排一切,只有具有发达的想象力,并且具备一定程度理性思维的人,才有能力创造出神话。神话故事常常把人类现实生活中所达不到的愿望、办不成的事情通过超自然的力

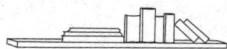

量付诸实现。比如,盘古开天、羿射九日……这些"神"们,无所不在而又无所不能。

　　神话产生于原始社会,在我们看来,它可能只是一种古老的故事,不符合生活逻辑。但在原始先民的眼中,神话是那样真实而又神圣,里面包含着他们不可动摇的信念以及言行举止的规矩,为原始人的信仰提供了生存的根基。神话通过幻想的外衣,将神奇因素纳入故事情节,表现了原始祖先在生产力极低的情况下,不甘心屈服于大自然的压力,和大自然作斗争的精神和意志。神话,是人类艺术中的瑰宝。《山海经》是保存我国古代神话资料最丰富的一部古书。还有一些神话资料散见于《楚辞》、《淮南子》、《独异志》等古籍中。神话的内容大多以开天辟地、

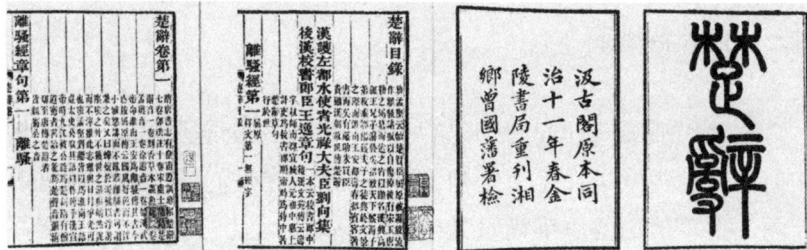

同治年间刻本《楚辞》

人类起源、为民造福、除暴安良、追求美好等为主,体现了中华民族的博大气概和坚韧精神。这些故事表达了先人对世界起源、自然现象、社会形态和劳动生活等各方面的理解,充满了浪漫主义色彩。在神话故事中,包含有深刻的寓意,它就像是传说里的海底龙宫,每一个来到这里的人都能找到珍宝:人类学家可以依靠神话感受远古人们的生活;考古学家可以在神话中发现古老的史实;思想家可以从其中悟出深奥的哲理;画家还可以依据神话描绘远古生活的场景。

　　正如刚刚降生的婴儿第一次睁眼看世界一样,神话是人类对世界最初的认知。神话,这样一段不可丢失的记忆,至今依旧有亿万的人们还在细细聆听这份来自远方的诉说……

"神游"过神话世界,我们再穿越时空,回味历史的故事——民间传说。

追随着神话,民间传说相继产生。两者最显著的区别就是主人公的不同:在神话世界里,"神"一直扮演着主角;而在民间传说中,讲述的都是"人"的故事——文明祖先、帝王将相、起义领袖、民族英雄、杰出人物、能工巧匠等等。当"神仙"的形象不再成为文学领域的主场时,传说便出来占据一席之地,演绎着"人类"的自身。与神话的神圣不同,民间传说是世俗的,它的幻想成分减少很多,虽然还存有夸张与虚构的元素,但是其中包含着实实在在的历史因素。因此,民间传说不会让我们感到遥不可及,它带给我们更多的是一种真实与亲近。

传说是一种历史性较强的民间故事,它从各个角度叙述历史面貌,评说历史事件,描写历史人物。有些故事往往脱离了历史事物的凭借就不能称之为传说,但是,无论怎样,传说是一种流传于人们口头的艺术作品,它绝对不是历史事实的照搬。历史是逻辑思维,记叙的是真实的过程,属于客观描述,容不得一丁点的虚构、夸张与幻想;而传说是形象思维,它有声有色,有血有肉,中间常常掺有人们主观的臆想。正因为传说有历史事实做靠山,使其故事情节显得真实可信;又因为传说不是历史本身,其中融进了民众的爱恨情仇、悲欢离合,因此又彰显了其事件和人物的亲和力,增强了它的艺术感染力。

传说所涉及的内容十分广泛,大至国家历史事件,小至一个不起眼的地名、物名或人名。根据其内容,大致可将"传说"分为历史传说、地方传说、人物传说、风物传说、风俗传说等。有时,各种传说还出现交叠贯通的现象。例如,历史人物的传说常与民间习俗的传说联系在一起。为什么要有火把节? 传说是为了迎接诸葛亮的军队。为什么端午节时要吃粽子、划龙舟? 传说是为了纪念爱国诗人屈原。另外,人物传说与地方、风物的传说也会发生某种关联,孟姜女与万里长城成就了千古流传的《孟姜女哭长城》;土木工匠的祖师爷鲁班与闻名于世的赵州桥结下了不解之缘,留下了妇孺皆知的传说《赵州桥》。民间传说与社会斗

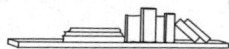

争、百姓生活等各个方面密切相关,其意义也是十分重大。传说中的英雄人物,是人们进行爱国主义教育的生动典范;传说中的名山大川可以彰显祖国秀美的风光;传说中的文物古迹可以诉说国家悠久的历史。

传说曾被人释义为"难忘的东西",或者叫"忘不了的事物",这个被老百姓"传而说之"的东西,一代又一代,会永不停歇地继续传说下去。

民间童话带着神话和传说两种形式的特点出现了民间故事的大家庭中。它从神话中获得奇思妙想,又从传说中吸取了叙述故事的写实手法,成为一种包含神话和传说两种形式特点的独特文体。

"我不想我不想不想长大,长大后世界就没童话……"S. H. E的这首《不想长大》唱出了众多人的心声。童话,你有多久没有感受到了?童话故事,你有多久没有读过了?那些美好的故事犹如三月飘洒的丝丝春雨,浇灌着孩子们的心灵,孕育着孩子们的希望,点缀着孩子们的梦想。这是一个谜语般的世界,在梦境中放飞自己的想象;这又是一个孕育美好的世界,爱与善,勇气与智慧,阳光与梦想,全在其中为我们呈现出来。徜徉在童话中,我们可以静下心来,把平日里的烦恼与琐事全都抛在脑后,只有那无尽的清新和活力陪伴在左右。

民间童话是流传于民间的儿童故事。在我国,"童话"一词是20世纪20年代从日本直译过来的。但早在唐朝,《诺皋记》中就已经记录着很好的童话故事,不过没有特别的名称。我国童话的奠基之作是叶圣陶先生于20世纪20年代初发表的《稻草人》。叶圣陶可以说是中国现代童话的开拓者,其童话集《稻草人》在中国童话的发展历程中占据着无法动摇的开创地位。

民间童话适合儿童口味,格调明朗健康,内容单纯浅近又富有变化,而且具有浓厚的幻想色彩,往往采用拟人化的手法叙述动物、植物或无生命的物体。这种有趣的文学形式,将故事演绎得淋漓尽致,其生动性和趣味性明显增强。脍炙人口的中国传统童话故事经过长期流传,在艺术和思想上都达到了较高的水准,往往使人在童年时代听了就终生难忘。它就像是一根魔棒,让孩子们在故事中渐渐懂得什么是真、善、美,什么是假、恶、丑,这难道不是对儿童最好的教育方式吗?感动孩子的不仅仅是曲折动人的情节和光怪陆离的故事,更是童话背后那一股强劲的力量。童话中的主角一出场,就立马被贴上了标签,性格鲜明,极易辨识。在每一个故事中,都存有明显的两级对比,两者可谓是泾渭分明,例如《蛇郎》中心地善良的妹妹与丑陋邪恶的姐姐;《狼外婆》中聪明可爱的三姐妹与凶恶贪婪的狼外婆;《李寄斩蛇》中勇敢聪智的李寄与罪恶多端的大蛇等等。这种两极对立迎合了儿童对世界的看法。在他们的眼中,世界非好即坏,非黑即白,根本没有所谓的中间地带。他们还不能理解模棱两可的事物,对复杂的故事也常感困惑。

民间童话都是从一个孩子而不是大人的视角讲述的。故事凭借着想象的翅膀,在漫长的时间和广阔的空间中翱翔,使得各种熟悉的和陌生的,常见的和稀有的人物、事物发出激动人心的灿烂光芒。童话所构建出的幻想世界正好满足了孩子们的心理需求,小小的年纪,他们沉溺于想象,也善于想象。人们把对未来生活的理想寄予到童话故事中。纵观大部分童话故事,总是以男女主人公的胜利、团圆收尾,"他们从此过上了幸福美满的生活"。

神话、传说、童话,大都以较长的篇幅为我们讲述一则则精彩的故事,展现一个个神奇的世界。其实,在浩如烟海的民间文学经典中,还存在一种带有明显教育意义的小故事——民间寓言。

翻开自从你上学以来的每一本语文教科书,是不是几乎每册书中都能找到民间寓言的身影?乍一看,民间寓言有着短小精悍的体形,长着趣味隽永的模样,穿着朴素典雅的衣服,我们刚欣赏完毕,它便说着那深意动人的话语来到大家身边,从里到外透着一股智慧哲人的气质。民间寓言在简短的篇幅中阐释着意味深长的哲理。百家争鸣时,寓言就发挥了巨大的威力,它绝对是一个深入浅出的说理好工具。寓言为人们展示了一幅幅生活场景,在表现百姓的生活之外,还包含着一种发人深省的深刻道理,这个道理正是寓言的主题。往往,这个主题还会演变为一个成语:例如,懒惰庄稼汉的"守株待兔";不知天外有天的"夜郎自大";技

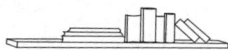

术纯熟的"庖丁解牛"……

民间寓言源远流长，早在先秦时代就已经相当成熟。寓言故事先后经历了秦时的说理寓言，汉时的劝说寓言，魏晋南北朝、唐宋时期的嘲讽寓言和明清时的诙谐寓言。寓言的分类有多种，如果按照角色，可分为动物寓言和人物寓言。动物寓言是很古老的一种寓言形式，在寓言中数量最大，流行也最广。它通过人格化后的动物，来展现社会中人与人之间的关系。人物寓言取材于人类的日常生活，以古喻今，以小喻大。如果按照寓言的主题分类，寓言更是精彩纷呈：表现智者风采的《庖丁解牛》《运斤成风》等，令人赞叹不已；表现愚人痴笨的《揠苗助长》《买椟还珠》等，让人哭笑不得；表现深奥哲理的《画蛇添足》《塞翁失马》等，引人无尽遐想……

健康充实的内容，风趣幽默的话语，犀利明快的格调，启迪智慧的效果，这些就是民间寓言能够长期存于课本中间、活在人们心间的魅力所在。

我们再来看看民间故事中最后一种形式——民间笑话。

民间笑话可以说是民间故事中常开不败的一朵鲜花，无论是讲笑话还是听笑话都可以称得上是一种享受。它以短小精悍、幽默睿智的独特魅力吸引着百姓，为百姓所喜闻乐见、津津乐道。笑话主要是引人发笑，但使人做出面目上的表情并不是笑话的目的，只是笑话的一种手段，它的目的是引起人心灵上的共鸣。在笑声中传递高深的思想，这才是民间笑话的宗旨所在。从形式上看它风趣活泼，其实细细品读，里面透着无尽的哲理。将严肃轻而易举地转化为轻松，是它最为高超的地方。

根据笑话的内容，大致可以分为讽刺笑话和幽默笑话。有些讽刺笑话是老百姓向统治阶级进行抗争的武器，它能一针见血地揭露出贪官污吏、恶霸地主、虚伪小人、守财奴等的丑恶嘴脸，表达了老百姓对剥削者的愤恨和抗议。还有一些讽刺笑话触及了百姓的日常生活，对于社会上的不良风气和民众头脑中的陈旧观念进行嘲笑挖苦、无情抨击。幽默笑话与讽刺笑话不同，幽默笑话多是用智慧的语言和善意的提醒教育民众,而不是用嘲讽的口气和无情的文字抨击社会现象。它将生活中的快乐有趣之事通过文字传达给每个人,起着一种调节气氛的作用。

以上是对民间故事各种形式的简要介绍,下面我们再看看民间诗歌有着什么模样。

民间诗歌主要包括民间歌谣、民间谚语、民间谜语、歇后语、民间长诗等五种形式。

如果在聆听民间故事的同时,再配上点优美的乐曲,岂不是更美了!于是,民间歌谣带着它那天籁之声来到人间。歌谣是老百姓口头创作的一种叙事、抒情的韵文作品。按照传统说法,可以唱的称之为"歌",只说不唱的叫做"谣"。但从两者的文学形式上来讲,我们统称为"民间歌谣"。

中国地域辽阔,民族众多,可以说,每种地形、每个民族都会传出不一样的歌声。来到陕北,有"信天游";走到安徽,有"凤阳花鼓";在山东,可以欣赏到"沂蒙山小调";跑到宁夏,还有"花儿"陪伴;到了内蒙古,更可以听到"爬山歌"……民间歌谣不仅种类繁多,而且内容丰富:有对幸福生活无限向往的"劳动歌",还有立场鲜明、言辞尖锐的"时政歌";有反映传统风俗、节令礼俗的"仪式歌",还有体现社会不公、地位不等的"生活歌";有对幸福童年尽情回味的"儿歌",还有对美好感情执著追求的"情歌"……"饥者歌其食,劳者歌其事",民间歌谣可以说是百姓表达情感最为直接和便利的歌唱传统,它源自心底,出自真情,尽情展露着人类最天然的本性。

另外,还有一种只说不唱的"民间谚语",也是属于歌谣的一种。谚语,同歌谣一样音乐感很强,韵律多种多样。但是,谚语还是同一般的歌谣有着差别:谚语较之歌谣,更加短小;歌谣一般是针对具体的人或事创作而来的,但谚语是从很多人或事中概括出一个普遍性的道理。

浓缩是精华。谚语可谓是最短小的文学作品,它最大的特点就在于它虽然短小,但能表达出一个完整的意思。谚语可以称得上是一堂别开生面的生活经验和人生体验课,老百姓将自己对阶级斗争、劳动生活、思

想领悟等众多方面的真知卓识融进谚语里,世代相传,广为歌颂。在谚语的圈子中,你不仅可以开阔眼界,增长智慧,更可以领略到谚语那不是诗句,却胜似诗句的独特魅力。

在劳动人民的日常生活中,除了讲讲故事、说说笑话、唱唱民歌之外,还时常进行一些猜谜活动。谜语其实是一种语言游戏,从头至尾都透着一种含蓄的艺术美。谜语由谜面和谜底两部分组成。谜面正如问题的题目,而谜底则是题目的答案。通过这样一问一答的形式,测验人们的智慧,增添生活的乐趣。猜谜活动老幼皆宜,它应该算是互动性最强的一种民间娱乐形式。谜语有着游戏的情趣,如果猜中,则会给人们带来一种快感和满足感。在中世纪的欧洲,猜谜活动还一度是婚礼仪式中不可或缺的一部分。

林林总总的谜语包罗万象,题材广泛,汇成汪洋谜海。按照谜底所揭示事物的类别,可分为字谜、物谜和事谜。故事靠情节打动读者,谜语则以智慧征服百姓。不过,你可要小心,进了"迷宫"千万不要出不来哦!

在民间文学中,还有一种俗语含有些许"谜"的味道,它就是长相很有特点的"民间歇后语"。茫茫语海中,你一眼就能将它认出——它身材娇小,身体分为前后两部分,一前一后用破折号连接。歇后语和谜语有着相似的地方——破折号前面的部分类似谜语中的谜面,是一种形象的比喻;破折号后面的部分犹如谜语中的谜底,是对前半部分的揭晓与解释。但它又与谜语不同。歇后语一般都是前后两部分同时说出,但谜语不可以。如果将谜底与谜面都一股脑儿地讲出来,那就失去了谜语的本意,也没有了猜谜的乐趣。有时,歇后语的后半部分也可以"歇"去不说,让听者自己猜想和领悟。俏皮、风趣是歇后语的风格,因此还有人将歇后语称作"俏皮话"。这种俏皮话只能作为一种语言材料被人们引用在说话或写作中,不能独立成篇。它就像是油、盐、酱、醋只能作为一种调味品不能独立成菜一样,虽然其位于附属地位,但影响却不容忽视,少了它你会觉得味同嚼蜡,枯燥平淡。

如果说民间谚语、民间谜语、民间歇后语在民间诗歌中属于短小精悍的文学形式，那么民间长诗则是民间诗歌中的鸿篇巨制。民间长诗是老百姓口头创作的长篇韵味诗歌，它汲取了神话、民间传说、民间歌谣、民间谚语等的营养成分，一步步发展壮大。它记载着历史，记录着传统，单纯朴素而又不乏诗情画意，很多片段常作为民歌传唱于山间旷野。

民间长诗包括叙事长诗和抒情长诗两大类，无论哪一类都是情事合一、情景交融，其凝练的叙事与浓厚的感情合二为一，达到了和谐优美的境界。在叙事中抒情，使得故事丰满生动，更能吸引人的目光；在抒情中叙事，使得感情浓郁可感，更能打动人的心灵。

在这本书的最后一部分，将为大家呈现民间文艺的精彩内容。民间文艺包括民间说唱和民间小戏等，这些都是中华民族艺术殿堂中的瑰宝。

"说唱"艺术已在民间流传了将近两千年，它有着悠久的历史、鲜明的民族风格以及浓重的地方趣味。新中国成立后又将其称为"曲艺"，很受百姓喜爱。民间说唱是民间艺人创作，由专业或半专业人士演唱，因此它也可以说是一种专业性较强的民间文艺。

说唱不同于讲故事，也不同于唱民歌，它的表演性很强，一般都有乐器伴奏。就算没有乐器，也要配上些道具。不过，其乐器、道具都很简单，一块醒木、几块快板，顶多再有小鼓和弦乐，这些都是百姓不费吹灰之力便可得到的。再加上民间说唱的风格轻松愉快，因此它很容易就可深入到人民群众内部，与人民群众"打闹成一团"。最重要的是，它有着巨大的鼓舞激励作用，周恩来总理曾将民间曲艺比作"文艺队伍中不可缺少的轻骑短刃兵"。

老百姓的生活还真是丰富有趣。当你行走在乡村地头间，不仅常能听到大伙儿"说唱故事"，而且还可以欣赏到民间小戏的无限精彩。农闲季节，临时搭建个简陋的草台，再在草台上挂块帘子，小戏就可以上演了。人们或席地而坐，或倚靠大树，开始聆听起那富有特色的民间小戏。民间小戏之所以能赢得众多人的青睐，最主要的原因为它是劳动人民

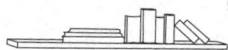

"业余自编、闲中扮演"的诞生物。其从始至终,从头到尾都属于劳动人民。民间小戏从百姓中来,到百姓中去,用百姓自己的语言唱出了百姓内心最真实的情感。

劳动人民不仅创造了物质财富,更为我们提供了享之不尽的精神食粮。浏览过民间文学各种形式的大致面貌后,我们再好好剖析一下它们的内心,感受其灵魂深处最吸引人的那份精彩。

在这里,需要说明的是,由于一些民间文学并没有明确的"出生日期",即其年代性不强,因此,在民间文学中可能会夹入一小部分近现代民间文学、当代民间文学,这点与同系列著作中关于其他文学体裁(例如小说、散文等)的著作有所不同,望读者朋友们见谅!

第一章

世界是如何开始的

——神话故事

天地混沌，宇宙洪荒，我们的世界是如何开始的？又由谁来创造？日月运行、春夏交替、生老病死等现象，又是怎样产生的？从远古的祖先到现代的科学达人，从遥远的欧美世界到我们的中国土地，无数人前赴后继、孜孜不倦地研究这些问题。就连我们两千多年前的伟大诗人屈原也在他的著名诗篇《天问》中发出了对天地如何开辟、宇宙如何构成等问题的疑问："遂古之初，谁传道之？上下未行，何由考之？"意思就是说：很久很久以前，关于远古的开头，谁能将之传授下来？那时候天与地之间尚未成型，也未分开，我们要从哪里对其进行考究？

屈原画像

人类刚刚出现的时候，懵懵懂懂，简简单单，维持生命就是他们的全部目的。采集野果，猎取野兽，其一切生活来源全都依赖于大自然的赏

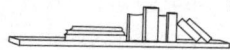

赐。旧石器时代晚期,那时候的原始先民充分欢乐地享受着阳光和雨露,但是同时也强烈惧怕着雷电和风雪。他们尚未意识到自己的独立存在,对变幻莫测的大自然是又爱又怕,既崇拜又敬畏,始终像动物一般服从于大自然的威力,不得不处于受自然力奴役的地位。但是,人和动物有着最根本的区别。人有思维和意识,爱思考问题,对未知的一切都有着强烈的好奇心和求知的欲望。先民们冥冥之中总认为有一个神在控制着、指挥着一切,他们相信是一种超自然的力量在主宰着这个世界和他们的命运。在其心中,一切自然力都被他们的想象形象化、人格化了。他们认为,山川草木、日月星辰、花鸟鱼虫等和人类是一样的,都有着自己的生命和灵魂。他们和我们用一样的眼睛观察世界,但是却用不同的思维思考世界。我们都渴望健康长寿,现代人依靠的是发达的医疗技术,原始人则是通过敬拜神灵驱除病魔;我们都渴望了解种种奥秘,现代人通过一步步地科学实验不断探索,原始人则依靠自己的想象对所有的不解作出回答。

原始人的思维虽说简单,但他们喜欢研究一些巨大的问题,例如天地缘何而起,人类从何而来等等。天圆地方,天圆得像一顶草帽盖在人们头顶,地方得像一个簸箕被人们踩在脚下,这就是原始先民们最初对世界形象的遐想和概说。久而久之,人们对宇宙和世界的想象越来越多,最后都集中在神(巨人)开天辟地以及各路英雄们征服自然天地和洪水猛兽上了,这些也就成了各个民族创世神话的主题。

一　创世造人

正式的关于开天辟地的神话,出现在汉代初年的《淮南子》这部书里。大概就是说,上古时期,天地未分之时,世界中慢慢生出了两个大神,一个是阳神,一个是阴神,他们苦心营造着天地。后来,阴阳判分,定出了八方的位置,阳神管天,阴神管地,于是铸造了我们现在的世界。

只是,一提到阴阳,哲学的意味显得过于浓厚,不能引起我们太大的兴趣，更不可能世世代代地口耳相传。在我国，关于宇宙的起源神话，要数"盘古开天辟地"最为著名，也最为让人津津乐道。在三国时期徐整所作的《三五历纪》和《五运历年记》中，吸收了南方少数民族中"盘瓠"的传说，加以古代经典中的成分和自己的合理想象，创造了一个开天辟地的盘古。"盘古"也成了我们中华民族的老祖宗。关于天地怎样开辟，宇宙如何构成，在这一神话中都一一作出了合理的解答。在《三五历纪》中，记载了盘古开

盘古雕像

天辟地及其自身生长的情境："天地混沌如鸡子，盘古生其中。万八千岁，天地开辟，阳清为天，阴浊为地……"天地混沌如同蛋清与蛋黄融杂在一起，盘古在其中孕育了一万八千年，厚积薄发，他用积攒的无穷力量振臂一挥，将束缚在身上的"鸡蛋壳"打破，来到这个世界。盘古开天辟地，创造万物。在《五运历年记》中，记述了天地万物的来源，这些都是盘古的化身，更加显示了其英雄形象的伟大："首生盘古，垂死化身。气成风云，声为雷霆，左眼为日，右眼为月，四肢五体为四极五岳，血液为江河，筋脉为地里，肌肤为田土，发髭为星辰，皮毛为草木，齿骨为金石，精髓为珠玉，汗流为雨泽……"古人将盘古化身后的形象描写得惟妙惟肖：盘古口里呼出的气变成了长风和白云，他的声音变成了轰隆的雷鸣声，左眼变成了白天温暖人们的太阳，右眼变成了夜晚陪伴人们的月亮，他的手足变成了大地的四极，五脏形成了五方的名山，血液汇成了奔腾不息的江河湖海，筋脉形成了供人们行走的道路，肌肉变成了肥沃的土地，发丝变成了天上的繁星，皮肤上的汗毛变成了草和树木，他的牙齿、

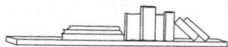

中国民间文学入门寻味

骨骼、骨髓等，也都变成了坚硬的岩石、闪光的金子、柔情的珍珠和温润的玉石，汗水也化为了晶莹的露滴……盘古作为创世大神和人类祖先是当之无愧的，他独自来到荒芜的世界，以毕生的精力开辟天地。这位创世英雄，用他身上的每一个细胞，成就了后来的人类，成就了美丽的新世界。

盘古神话，不仅仅汉族有，瑶族、白族等许多民族都有。明末周游写的《开辟衍绎》里，将盘古的形象描写得更加具有生机和活力。周游笔下的盘古，是一位伟大的劳动巨人，手持劳动工具，威风凛凛地从事着伟大的劳动，这实际上是劳动人民集体力量的化身。盘古神话热烈地歌颂劳动的伟大力量，这无疑是当时劳动人民对于盘古神话既现实主义又浪漫主义的构想。另外，关于盘古的神力和化身，还有各种说法：有说盘古的喜与悲使得人间气候变化万千，喜则万里无云，风和日丽；悲则雷鸣电闪，风雨交加。还有更特异的记述，说盘古的形貌乃是"龙首蛇身"等等。尽管对盘古有不同的描写；但有一点却是一样的，就是人们内心对这位老祖宗都充满着同样的尊重和崇拜。盘古在南方诸民族中被尊称为"盘王"，成为最有权威的大神，掌管着生死富贵。在《述异记》里，还有"盘古墓"和"盘古国"的描写：传说南海有座盘古墓，用来追葬盘古的魂魄；又有盘古国，一国的人都是以盘古为姓……

到这里为止，天地是怎样开辟的，宇宙是怎样形成的，总算有了答案。但是人类又是如何诞生的呢？在众说纷纭中，出现了一种说法，说人类是由一位名叫女娲的女神创造的。于是，久而久之，"女娲造人"这个既不平凡但又很近人情的故事得

"女娲造人"邮票

到大家认可,并广为流传,成了神话世界中一根富有诗意的琴弦。

先撇开故事不谈,我们来看一看女娲到底是何方神圣。娲,在古时候,是一位神圣女,她有着人的头和蛇的身子,是一位化育万物的人。女娲,是中国神话中最伟大的一位女神,是中华民族传说中的人类之母。据说,她一天当中能够变化七十次,可见,其神通的广大。既然,女娲这么厉害,她为什么还要创造人类呢? 下面我们一起来看一看女娲创造人类的初衷。

盘古开天辟地后,留下了丰富的世界。山川河流、花草树木、风雨雷电、鸟兽鱼虫,天地间一片欣欣向荣的景色。我们的女神女娲整日感受着阳光的沐浴,微风的抚摸,鲜花的芬芳,露珠的甘爽,就这样在世界中徘徊着,徜徉着,观赏着瑰丽美景……突然,有一天,女娲感到身边少了点什么。到底少的是什么呢? 她在静谧的大道上独自行走并开始思考这一问题,这种毫无生机的安静使女娲感到有些恐惧,恐惧中夹杂着一丝寂寞。此刻的女娲恍然大悟,她少的不是别的,正是陪伴她一起生活的生命。她可不愿意像盘古那样孤独到终老。于是,女娲用黄色泥土创造了人类。人类,这个万物之灵,通过女娲之手,便来到了世界。女娲捏造了不计其数的人,男男女女,形形色色。她只有一个目的,那就是,使这个寂寞了太久的世界不再孤寂。

女娲造人,这样一个古老的神话传说,道出了人类的起源,表达了女娲对于人类的热爱,也反映了是妇女哺育了后代这一事实。女娲创造人类,在我国众多民族的古书中均有不同的记载,其中,以泥土造人最为著名。泥土造人,也算是神话中带有普遍性的一个母题。因为,原始先民们都认为万物和人一样,都是有灵性的。泥土捏成小人,吹口气,然后低声自语,泥人便有了生命和灵魂。就像大家喜欢看的魔术师变魔术一样,每当魔术师对着道具吹气时,大家的心都提到了嗓子眼,全神贯注地等待奇迹的发生。似乎整个魔术的神秘全在魔术师对着道具吹的那口气里,好像要是离开了这口让人晕晕乎乎的气,魔术就将无法进行一样。

女娲虽然是神,女娲造人虽然是神话,但是这个神话并没有远离人

间,它有着强烈的生活感。我们可以从神话的三个方面切身体会这种感受:第一,女娲造人的神话产生于黄河流域,即到处是黄土的自然环境,这就给黄土造人平添了几分真实感。小时候,每当老人给我们讲完女娲用泥造人的故事之后,总会在最后加上一句话:人身上永远没有最干净的时候,哪怕就是你刚刚洗过澡,一出汗也能搓下泥来,这就因为人是由泥捏成的。就连衣服和床上有尘土,老人们也会联系到这一神话,认为那些尘土是从人身上落下来的。由此可见,女娲造人的神话在我国民间的深远影响。第二,当女娲看到自己创造的人类生活得很好之后,为了让人们更加愉快地生活,她还造了一种名叫"笙簧"的乐器,使人们可以感受到音乐的美妙。女娲所做的乐器,如今西南地区苗族、侗族的人民仍然吹着它,就是我们熟知的"芦笙"。芦笙不仅是欢乐的盛会中必然露面的乐器,更是青年男女们表达爱情的工具。通过芦笙,吹奏者传达着对另一半的爱慕与思念。第三,女神女娲考虑最多的就是人类的繁衍问题。人类注定是要死亡的,不可能永无止境地生存下去,女娲也不可能永不停息地把人类创造下去。因此,女娲把小人都变化得有男有女,然后,让男女相配,生育后代。这样世世相传,代代绵延,生生不息。也可以说,女娲替人类建立了最早的婚姻制度,做了人类最初的媒人。以前还有很多民族把女娲奉为婚姻之神,祭祀这位婚姻之神的仪式特别隆重。每年到了早春二月,就在神庙举行盛会,让青年男女欢游嬉戏。只要双方情投意合,就可以自由结婚,不必举行什么繁琐的仪式。男男女女把星月交辉的天空当作帐子,把绿草如茵的大地当做床榻,这或许就是所谓的"天作之合"吧。还有那些结了婚却没有生育孩子的,也都来到神庙,求神赐给他们孩子。于是,这位婚姻之神又兼有送子娘娘的职务。

天神女娲是上古时期出类拔萃的一位女性,其毕生的伟大功业除了创造人类,还有"炼石补天"。

在女娲创造人类之后的很多年里,这个世界一直祥和太平,人类也过着幸福快乐的日子。也许,不经历风雨,就难以见彩虹;也许,天地需要经过几番洗礼,才能稳扎根基;也许,这就是命运的安排,人类注定要经历几场劫难,才能走向成熟。总之,在人类经过一段美好的时光之后,天地间发生了盘古开天辟地以来最为剧烈的大变动——天崩地裂,天塌地陷,熊熊的大火燃烧不尽,肆虐的洪水到处泛滥,猛兽恶禽吞噬着善良的人类。这场突如其来的灾难无情地降临到了人类的头上,世界陷入了无法控制的混乱,人类陷入了前所未有的悲惨境遇。女娲看见自己所创造出的生命遭受着如此惨烈的灾难,就想方设法帮助人们脱离苦海,义不容辞地担负起拯救人类的工作——女娲用熔炼了的五色玉石去补修苍天。

相传,女娲是站在位于现今河南省境内的王屋山之巅修补苍天的。想象女娲站在这样高耸的险峰进行补天,倒还颇近情理。另外,不知大家是否注意到,女娲用的是"五色玉石"修补天地,这显然是源于人们的灵石信仰。现在有句话叫做"穿金显富贵,戴玉保平安",其实早在古代,玉就被认为是富有灵性的,佩戴在身上,具有辟邪和护身的作用。因此,这里用玉石填补天地,包含着女娲一定可以征服大自然的寓意。

女娲几经努力,保护了盘古开天辟地留下来的成果,也拯救了自己创造的人类家园,宇宙的秩序重新恢复,人世间又开始了欣欣向荣、蒸蒸日上的景象。从此以后,人类不断繁衍生息,直至今日。但是,女娲却十分谦逊,功成不居,从不夸赞自己的力量,也不炫耀自己的功德,认为自己所做的一切只不过是顺应天地的旨意罢了。正因为这样,后世的人们更是对女娲感激不尽、世代歌颂。历史是公正的,老百姓不会忘记任何一位为民谋福利的英雄,至今,还会用各种各样的仪式纪念女娲。在河南的思都岗,每年正月十二日到二十日都会举办庙会。在女娲坟前树一面大旗,上曰:天地全神女娲氏。妇女们在坟前占卜许愿,祈福求子。在山西,设定每年的正月二十日为"女皇节",用来纪念女娲。老百姓烙面饼或是摊煎饼,扔到房顶意味着"补天",投到地窖意味着"补地"。

女娲补天神话主要讲述了女娲与大自然作斗争并最终战胜大自然的故事。在这个神话中,天,被看作是一种实体,裂了缝可以修补,其象

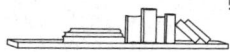

征着大自然;而"女娲补天"的意义,正是在于表现人类改造大自然的英勇精神和雄伟魄力,这是对当时经常遭受自然灾害、生产力低下、渴望控制自然与征服自然的古代劳动人民的幻想的反映。女娲与妖魔鬼怪作斗争的时候,要时常与洪水里的大龟、恶龙"打交道",女娲要把这些兴风作浪、为祸人间的怪物彻底消灭掉,以使波涛得到平静。因此,女娲可以算得上是我国古代神话传说中第一个出现的治水英雄。我国神话学大师袁珂先生曾评论"'女娲补天'是我国古代神话中最奇伟瑰丽、动人心魄的神话之一"。

作为女性代表的女娲,她既造人,还补天;又是创造人类,又是挽救人类,这两项伟大的成果,可以说是功盖于世。女娲神话,产生于母系氏族社会,她的"超能力"显然是母系社会的投影。在母系社会,妇女掌握着所有的大权,有着崇高的社会地位,她们在人类社会发展的那个重要阶段起着关键性和决定性的作用。这两则神话,以女性作为创世大神,反映了原始社会以女性为中心,人类"只知母,不知父"的历史事实。

说到女娲,就不得不提及我们祖宗里另外一位很有名的人物——伏羲。伏羲,乃东方天帝,万民之王。他为天下黎民苍生谋取福利,为改善人们的生存条件发挥了自己的王者智慧。原始社会,人们都是吃生肉生食,伏羲为了使食物更易被人体消化和吸收,便发明了新的烹饪方法,改变了人们的饮食习惯。直至今日,我们依旧在享受着伏羲带来的恩泽。伏羲是一位圣明的天帝,更是一位了不起的文化始祖。他对人类所作的贡献,不仅仅局限于生存的物资层面,而且还在于人类精神文明的层面。他上知天文,下晓地理,懂得人间万物的自然规律,习得神明的法道德行。他发明了八卦,用乾(☰)这种符号代表天,坤(☷)代表地,坎(☵)代表水,离(☲)代表火,艮(☶)代表山,震(☳)代表雷,巽(☴)代表风,兑(☱)代表泽,这八种形式,就叫做"八卦"。八卦蕴含着高超的智慧与深刻的哲理,它们互相搭配,又可以得到六十四卦。伏羲用八卦说明各种自然和人文现象,教人们用这些符号记载万事万物,代替以前的结绳记事,更用八卦进行占卜吉凶,希望得到神明的指示。

神话传说中,伏羲和女娲有着亲密的关系,他们本是兄妹,后来竟结为夫妻。伏羲也是人首蛇身,这在汉代的很多画像中都有描绘。画像中的伏羲和女娲,腰身以上呈现着人的样子,穿袍子,戴冠帽;腰身以下,则是蛇的身子,他们的两条尾巴亲密地缠绕在一起。有的画像里,还在伏羲与女娲的中间添有一个天真可爱的孩童,手拉两人的衣袖,呈现给我们一幅幸福美满的家庭图画。伏羲和女娲不仅是始祖神,而且还是保护神,古人墓碑多刻有伏羲和女娲的画像,就是希望用伏羲女娲的神力保护死者,使其在黄泉路上一路走好。

在伏羲和女娲产生感情后,本打算结婚,但毕竟是兄妹,所以感到有些羞耻,难于出口。当妹妹女娲嫁给哥哥伏羲的时候,就用草编了一把扇子,遮挡住自己的脸,表示害羞的意思。不知大家是否会想到"掀起你的盖头来"这句歌词呢,没错,后来娶媳妇用盖头遮脸的风俗,就是从伏羲、女娲兄妹结婚那时流传下来的。

类似女娲兄妹结婚的神话,以不同的形式和大同小异的内容在我国苗族、侗族、仡佬族等众多少数民族中流传,演绎的大都是兄妹结婚传宗接代,继而繁衍人类的故事。这些神话都在告诉我们,人类是通过两性交配而来的。可见人类对于繁衍的认识已经从过去"捏人"的时代,进化到两性繁衍的时代,这无疑是人类文化史上的一大飞跃。

伏羲与女娲

伏羲和女娲两兄妹结婚,真实地反映了原始时代血亲婚配、兄妹婚的某些遗迹。这则神话,大约是在母系社会向父系社会过渡的原始社会时期产生的。这个时期,男性虽然在某些方面逐渐取得些许地位,但是,

女性还是保持着绝对的权威。因而,在神话的讲述中,始终以女娲为主。从其神话的名字——"女娲兄妹结婚"——就可以反映出这一问题,它只说"女娲兄妹",而不是"伏羲兄妹"。

二 神灵较量

人类的出现使得这个世界焕发生机,同时大地上的神灵也日渐增多。因为,人类是由女神女娲创造的,她不仅给了人类生命,更是赋予了人类万物之灵的尊贵,所以其他神灵也都十分关注人类的生活。在这些神灵中,人类最推崇的当数"三皇五帝"。所谓"三皇",即始祖伏羲、炎帝神农氏和黄帝轩辕氏;"五帝"是少昊、颛顼、高辛、尧和舜。

之前为大家讲述了"三皇"中有关的伏羲的神话——他与女娲结婚的故事,下面我们再来畅谈一下有关炎帝和黄帝的美丽神话。在神话故事的舞台上,当炎帝和黄帝逐步占有一席之地时,女娲正渐渐隐退。这就意味着母权社会已经衰落,父系社会正在迅速发展和兴盛起来。

黄帝塑像

炎帝,中华民族始祖之一,在众所熟知"神农尝百草"的神话故事中扮演着主人公的角色。故事中的神农即指"炎帝",他为了识别药物的性味和功能,更好地救死扶伤,冒着中毒的危险,亲自品尝百草。炎帝神农氏是一位伟大的人物,他与医、农、工、商等领域都密不可分。传说,炎帝是牛头人身。"俯首甘为孺子牛",炎帝之所以是牛首,或许正因为他像几千年来帮助我们耕地的牛一样,牺牲自己,造福人类。炎帝为缔造中华古国最早的文明,为发展社会生产力,为中华民族的繁荣昌盛作出了巨大的贡献。

到了晚年,炎帝的精力所剩无几,他同父异母的弟弟——黄帝开始崛起。黄帝,可以算得上是"三皇五帝"中最重要的人物,它的意思本就是"黄天上帝"。黄帝统领着整个宇宙,也是中华民族的始祖。

黄帝轩辕与诸多神灵之间发生过很多故事,在"黄帝轩辕"这篇神话故事中就讲述了黄帝与炎帝、蚩尤之间的一系列纷争事件。炎帝和黄帝本是兄弟,为两个不同氏族集团的首领。随着氏族集团的日益扩大,人口逐渐增多,自然要不断迁徙。黄帝于黄河以北东进,炎帝于黄河以南东进。为了地盘与财源,两个集团发生了摩擦与战争。年迈的炎帝体力和精力远远不及正值壮年的黄帝,战争的结果可想而知:炎帝大败,黄帝获胜。黄帝和炎帝的这场战争,是神话传说中的一场大战,其反映的正是原始社会中部落与部落间的斗争。

另外,在炎帝和黄帝中间,还有一个关键人物,就是"蚩尤"。很多传说把蚩尤描写成有人的身子,牛的蹄;四只眼睛,六只手。蚩尤不仅长相奇特,吃的东西更是另类,他拿铁块、石头和沙子等做他的家常便饭。在很多人的眼中,都把蚩尤看成是天上的恶神,实际上,蚩尤是一位勇猛的巨人。他原本为炎帝的臣民,因炎帝占据中原,侵犯了蚩尤集团的利益,于是与炎帝反目。后来,由于黄帝的参战,杀了蚩尤。炎黄和好,黄帝成了天下的最高统治者。黄帝天生四张面孔,能同时审视东西南北四方的动静,而且,四面八方又各有神统辖,许多氏族部落逐渐融合,形成了中华民族。历朝历代始终敬仰和祭祀着炎帝和黄帝。

天神的战争结束了，人类的世界开始迎来了推崇道德和礼仪的时代。在黄帝以后，出现了三位具有很高道德水准的部落联盟首领，他们就是大家耳熟能详的尧、舜和禹。这三位人物原本都是一个部落的首领，后来被推举为部落联盟的首领。在那个时候，做部落联盟的首领，凡遇到什么大事，都要找各个部落的首领共同商议决定对策。

"大禹治水"的神话故事家喻户晓，其实，在禹之前，这股洪水就早已来袭，他的父亲鲧为了治水，也是劳苦功高，付出了自己毕生的精力。要说起来他们父子俩治的这汪洪水啊，还真是来势凶猛，可谓"源远流长"。那我们要聊的"治水"故事也是说来话长……

在尧称帝时，有一段时间忽然洪水泛滥。这时，关心百姓、注重民间疾苦的尧开始为人们处于这样的困境而忧虑不安起来，他于是召集有勇有谋的文武大臣商量对付洪水的计策。众大臣对于百姓所遭受的苦难大都无动于衷，只有鲧真心哀怜难民。鲧乃是黄帝的孙子，他见大地上的人类遭受如此灾难，就劝黄帝收回洪水，但是黄帝不理。他这是在用自己的特权惩罚人间犯错误的百姓。鲧十分同情人民，于是盗用天帝的"息壤"这个宝物到人间填堵洪水。天帝发现后，认为这是大逆不道的行为，便将鲧斩首问罪。鲧愤愤不平，其

汉代石刻大禹像

肉身虽然被杀害了，但灵魂始终没有离去，借助精魂的力量，其尸体三年都没有腐烂，并且肚子里还在孕育着一个新的生命，他希望用新的生命完成自己遗留下来的事业。黄帝知道后，派天神将鲧的腹部剖开。他的肚子里竟然跳出一条虬龙，这条龙便是鲧的儿子禹。

前面我们说到女娲如果算是我国古代神话中第一个治水英雄，那么

这里,禹子承父业,成了第二个治水英雄。他如愿以偿地完成了父亲未竟的事业,因而名垂青史,留下了"大禹治水"这么一段佳话。大禹率领百姓挖掘河道,将水疏通到江海。鲧治水是堵,禹治水是疏,禹的方法正确。另外,禹勤勤恳恳,极尽本职,为了尽快治理洪水,他三次路过家门都未曾进去,可见禹为了治水献出了一切。大禹治水,符合古代人民改造自然的愿望,也充分体现出人们征服自然和以民为本的英雄气概。另外,人民希望人世间真有这种体恤民情并献身于人民的英雄,因而大家把禹奉为功德之神,并把他当做人间的治水英雄加以崇拜。

尧仁慈宽厚,但不知为什么,黄帝非但没有给予他什么奖赏,反倒给了他那么多的磨难。他统治国家的那段时期可以说是多灾多难,这大水刚刚过去又开始出现大旱。"时势造英雄",洪水时期产生了一位治水英雄,旱灾期间又诞生了一位射日英雄——羿。接下来,我们就聊聊"羿射九日"的故事。

据说,当时有十个太阳同时出现在天空,带来了严重的旱灾。太阳当然是我们生活中必不可少的,但是如果天上同时出现十个太阳,那真是过犹不及,对人们来说就是一场大的灾难。可以想象,这是多么可怕的景象,天空成了太阳们的世界,地面上再也找不到一片影子,一切都在强光的照耀下,这一次上天又给尧带来了烦恼。太阳是天神帝俊的儿子,于是,尧便向帝俊求救,帝俊便派神箭手羿吓唬吓唬太阳们。虎毒还不食子,帝俊不是真的想灭掉太阳。但是,羿一看到人间凄惨的状况,恼羞成怒,一口气便射死了九个太阳,只留下一个太阳为大家带来光明,直至今日。羿的行为,得罪了帝俊,帝俊便将羿贬到民间,永远不得回天堂。羿的受罚,可以说是一个冤案,他俨然是一位悲剧英雄人物。羿射九日,为民除害,这是父系社会产生的歌颂男性英勇征服自然的神话。千百年来,人们仍然将羿作为值得尊敬的伟大英雄进行纪念。

再说句题外话,今天,如果我们站在科学的角度进行分析,当时天上其实并没有什么十个太阳,那只是远古人类对当时极度干旱的夸张描述。

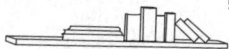

三 侗彝传奇

中国是一个多民族的国家,每一个民族都有属于自己的文化,每一种文化都有关于其民族天地形成、人类起源以及民族英雄光辉业绩等的神话记载。下面,我们就走进侗族、彝族等少数民族村寨,领略不一样的少数民族风情。

侗族,我国古老民族之一,其先民也曾经历过那远离现代文明的洪荒时代,同大自然进行过艰苦卓绝的斗争。他们同样把自己的斗争经历用文学艺术的形式展现出来,产生了像《捉雷公》一类关于开天辟地、人类再生的神话故事。

《捉雷公》分为"雷公被捉"、"洪水滔天"、"箭射太阳"、"寻伴配对"、"兄妹结婚"五个部分。这五个部分被一条红线串联起来,组成了一个结构完整、首尾一贯的故事,而这条红线就是主人公姜良、姜妹两兄妹的命运。故事讲述的主要是雷公被四个巨人所捉,关在铁笼里。雷公央求姜良、姜妹兄妹俩给他水,因为雷公只要见到水就可以逃跑。在雷公临逃之前,送给姜良、姜妹一颗葫芦籽。雷公重返天上后,为了惩罚人类,发下大水,水淹天下,人种灭绝。姜良、姜妹俩兄妹幸好有葫芦籽,种出葫芦后,他们在葫芦里避过洪水,此后两人克服重重困难,相互婚配,繁衍后代。直至今日,侗族人仍将姜良、姜妹作为自己的祖先,并把保护他们的"葫芦"作为始祖的象征供奉于神龛。

接下来,我们得好好说说这个救两兄妹于苦难之中的"葫芦"。"葫芦",它不仅对侗族人有着非凡的意义,而且可以说它在众民族的创世神话中一直扮演着重要的角色。例如,仡佬族的《阿仰兄妹制人烟》、基诺族的《祭祖的由来》等。葫芦被中华民族看做是同源共祖的共同母体的象征,人们认为创造人类以及世界万物的始祖乃是葫芦的转化,很多民族都称自己是从葫芦中走出来的。它与人类的关系最为密切,其腹部好像怀孕中的准妈妈。葫芦的籽多,则象征着旺盛的生殖力,子孙千万,繁茂吉祥。葫芦谐音"福禄",从外形上看,它是由两个球体组成,象征着和谐美满,寓意着夫妻举案齐眉,互敬互爱。葫芦美观实用,它无须人工雕琢就会给人以喜气祥和的感觉,是原始先民的天然容器,又是制陶的模型。不仅如此,葫芦还有治病驱邪的神奇效果。据说,在病人的床尾摆放一个葫芦,可以驱赶病人身上的病气,使其尽快康复。人类之所以崇拜葫芦,还因为葫芦是原始农业的产物,是人类最早的食物。葫芦在古代的洪水神话中一直充当着人类躲避洪水灾难的救生工具,是人们的"救生船",先民们把人类再生的功绩往往归功于这个受世人所尊崇的葫芦身上。

另外,我们再看一看《捉雷公》中这个给侗族人们带来洪水灾难的"雷"。在风、雨、雷、电的神话中,关于雷电的神话最多,这可能是由于雷电的威慑力最大、其景象最能震撼人心吧。在初民社会里,自然界的一切变化都是神秘的。打雷,现在在我们看来是一种再正常不过的自然现象,但在先民们的眼中,却是一个不解之谜。侗族先民为了探索大自然的奥秘,就为自己的思维插上了想象的翅膀。由于雷的威胁力对生产力十分低下的先民们具有致命的打击,因此,人们把雷构想成一种"手拿锤子火铲"的怪物,凶神恶煞。但是,无论雷何其凶险,都斗不过人的智慧和力量。否则,雷公怎么可能会被四个巨人捕捉到?人类尽管经常受到大自然的威胁,但那些凶恶之神总归是要被人类所降服的。

欣赏完侗族的故事,我们再来看一看彝族的世界。在彝家房屋后,都设有一个类似汉族"祠堂"的灵房,与众不同的是,灵房内都设有一节"竹子"。这或许让我们摸不着头脑,那就从彝族最富有特色的神话传说《竹的儿子》说起吧。

据说在远古时代,彝族先民们住在很宽广的土地上,人们幸福怡然,安居乐业。但是,那万恶的洪水又跑来捣乱。洪水所到之处,一切夷为平地,寸草不生,荡然无存。不幸中的万幸,有一位彝族姑娘抱着江中的一棵大竹子活了下来。姑娘只好以天为父,以地为母,以百鸟为友人,在荒无人烟的山间生活着。后来,在鸟儿的启示下,她依次凿开竹筒,得到

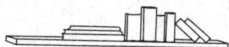

了五个儿子,并一人带大了他们。孩子长大后,各自成家立业,都很有出息。妈妈感到十分欣慰,高兴地抱住一棵通天的母竹,就这样轻飘飘地进入了天堂。为了纪念这位伟大的母亲,彝族人把竹视为母体崇拜的象征物,当作祖灵供奉。现在,为什么彝族灵房内都设有一节"竹子"的谜底终于揭开了。据说,是竹子本身具有的两大特点让彝族人民想到以竹子作为自己的图腾之一。这两大特点一是生长神速,二是空心无物。生长神速是旺盛的生命力的体现;空心又容易引起可以容人的想象,也可以使人联想到孕育胚胎的子宫。因此,彝族人民始终把竹子视为神秘的生殖力量的寓体。

在我国的神话传说中,人世间遭到类似这种来自天帝神仙惩罚的故事还有很多。这些神话可与盘古神话互为补充,都说明了原始社会的自然条件虽然极为恶劣,洪水猛兽遍地横行,但是劳动人民并不屈服,他们抗争到底,并最终取得了胜利。古代神话以神奇的艺术魅力,表现了劳动美,歌颂了劳动和劳动人民的力量。

第二章

穿越时空的回忆

——民间传说

一　"四大"传说

提到传说，不得不先谈一谈流传于我国民间的"四大传说"——《梁山伯与祝英台》《白蛇传》《牛郎织女》《孟姜女哭长城》。这四个民间传说，展示了人与神、人与仙、人与人等之间的千古爱情绝唱。千百年以来，它们以歌谣、戏曲、故事等各种各样的文艺形式流传于民间，达到了家喻户晓的程度。曲折的情节和非凡的人物背后，它们究竟在诉说着怎样的动人故事？又蕴含着怎样的历史意义？我们先透过传说中的人与事，欣赏这样一个缤纷、瑰丽与奇特的传说世界。

梁山伯与祝英台

爱情历来是文学的主题，表达为了爱而殉情的作品更是具有感染力。英国戏剧大师莎士比亚的著名悲剧《罗密欧与朱丽叶》早已是人尽皆知，在我们中国，也有着类似这种矢志不渝的爱情故事《梁山伯与祝英台》。《梁山伯与祝英台》千百年来流传于民间，曾经被世界喜剧大师卓别林誉为"中国的罗密欧与朱丽叶"。

　　发生在西晋晚期的"梁祝"故事流传至今已经有一千多年的历史，这是一首响彻东方乃至世界的千古爱情绝唱。故事讲述的是祝英台在求学的道路上，女扮男装，与梁山伯结为兄弟。两人同窗共读，结下了深厚的情谊。学成离别之际，祝英台以给妹妹做媒为托词，向梁山伯自许终身。但是，梁山伯是一个一味死啃书本的书生，并不明白其中的寓意。十八相送，祝英台百般暗示，梁山伯却一直呆若木鸡。后来，当梁山伯知道真实情况时，却为时已晚，祝英台的父亲已经将其许配给太守之子马文才。梁山伯因此而伤心悔恨，最终悲伤过度而死。在祝英台成亲之日，花轿路过梁山伯坟墓时，祝英台到其坟前哭祭。她的哭声感动了天地，突然，坟墓裂开，祝英台跃入穴中。紧接着，梁山伯与祝英台就双双化为彩蝶飞出，实现了生死相恋的愿望。

"梁祝"化蝶雕像

　　"梁祝"的故事影响颇深。这是一曲青年男女反抗封建礼教、反对父母包办婚姻、争取爱情婚姻自由的颂歌，梁、祝二人已然成了人们追求崇高爱情的偶像。尤其是祝英台那刚烈的性格和对爱情的坚贞，更是让世人赞叹。这是一个可歌可泣的爱情故事，尽管最后以悲剧收场，但是两人之间的感情是难得的。两人的爱情在人世间被封建势力所摧毁,但是在仙界却如愿以偿。

梁山伯与祝英台的故事,从真实到虚构,从虚构到真实,扑朔迷离,真伪难辨,更是增强了其艺术感染力。尤其是故事结尾的"化蝶",可以称得上是传说中最精彩的一笔。这一笔的增加并不是一蹴而就的。蝴蝶是中国传统的吉祥物,象征着自由与幸福。男女情爱至深,灵魂化为蝴蝶,双飞双栖。这就是为什么"梁祝"会化为雌雄双蝶,而不是其他飞禽走兽的重要原因。

白蛇传

"梁祝"的故事与蝴蝶有着难解难分的关系,我们再看"四大传说"的另外一个故事——《白蛇传》,其讲述的是人与一位修炼成人形的蛇精之间的感情纠葛。

篷船借伞

《白蛇传》的故事包括"篷船借伞"、"白娘子盗灵芝仙草"、"水漫金山"、"永镇雷峰塔"、"法海身陷螃蟹肚中"等情节。主人公之一的白素贞本是一条蛇精,修行成女儿身来到人间,成为一位热情、勇敢、充满智

慧的女性。她为了追求属于自己的爱情不顾牺牲一切:为救许仙性命,冒险取得仙草;为去金山索夫,不怕有孕在身……男主人公许仙是一位一身书生气、品性善良、忠厚老实的青年。难能可贵的是,他在知道白素贞的真实身份后,依旧选择了坚持,守候着难得的感情。而故事中的小青是一位爽朗、纯真、敢爱敢恨、有强烈正义感的小丫头,她与白素贞同吃苦共患难,总是陪伴在白素贞左右,一起面对各种困难。故事中的反面人物法海和尚,阴险残暴、心如蛇蝎,他是封建势力的化身,为了维护封建纲常礼教,施用各种方法破坏白素贞与许仙的幸福生活。恶人有恶报,最终,法海被关在螃蟹肚子里。原本,螃蟹是直着行走的,自从横行霸道的法海钻进去后,就再也无法直走,只好横着爬行。直到今天,秃头和尚依旧躲在里面,不知道大家在吃螃蟹的时候,是否注意到他了呢?

《白蛇传》着实描绘了一幅人民与封建统治阶级之间进行斗争的画面,白素贞为了追求自己的幸福,面对法海的挑战宁死不屈,表达了人们对男女自由恋爱的向往和对封建势力的憎恨。

牛郎织女

纤云弄巧,飞星传恨,银汉迢迢暗度。金风玉露一相逢,便胜却人间无数。　　柔情似水,佳期如梦,忍顾鹊桥归路。两情若是久长时,又岂在朝朝暮暮?

——秦观《鹊桥仙》

迢迢牵牛星,皎皎河汉女。纤纤擢素手,札札弄机杼。河汉清且浅,相去复几许?终日不成章,泣涕零如雨。盈盈一水间,脉脉不得语。

——《迢迢牵牛星》

每每读到以上两首诗(词),我们就会本能地想起遥遥相望的牛郎与织女,牵牛星与织女星。

《牛郎织女》是我国家喻户晓的民间传说故事,下至三岁孩童,上至百旬老人，只要提起牛郎与织女，都能将这个故事娓娓道来。故事是这样的：在很久以前，一个叫牛郎的孤儿在伏牛山发现了一头病怏怏的老黄牛，他心地善良，对老黄牛悉心照料。其实，老黄牛本是天上的金牛星，只

《牛郎织女》剪纸

因犯了天条后被打下凡间。老黄牛为了报答牛郎的救命之恩，让牛郎遇到了织女。织女是天帝的女儿，排行老七，因此也叫"七星娘娘"。她美丽善良，工作就是编织云彩。两人相识，相恋，相爱，并孕育了一对龙凤胎。幸福的日子总归是短暂的，人仙两界的感情被条条戒律所阻碍，终难长久。天上的王母娘娘知道两人的事情后，对牛郎织女进行百般阻挠，织女被带回天界。老牛告诉牛郎，它死后将其皮做成鞋，就可以乘着鞋腾云驾雾，升至天堂。牛郎照办了。眼看着牛郎就要与织女团聚，王母娘娘就用头上的银簪划了一条银河，拦住了道路，牛郎和织女失去了见面的机会。天上的喜鹊被牛郎织女的爱情所感动，化作"鹊桥"，但是每年两人只有一次鹊桥相会的机会——每年农历七月初七，牛郎就把两个孩子放在箩筐中，上天与织女相见。为什么喜鹊那么受人欢迎？就是因为它们能够成人之美。七月初七晚上，喜鹊是你衔着我的尾，我抵住你的头，用自己的身体为牛郎与织女搭起一座相会之桥。据说，七夕的夜晚过后，喜鹊的羽毛会七零八落脱掉很多，就是因为辛勤搭桥的原因。牛郎织女两人相见，总是因为一年的分离相思之苦而难过得抱头痛哭，哭得是日月无光，天昏地暗，所以每到他们相见之夜，总是阴雨绵绵。那滴滴的雨点，全是牛郎织女相思的眼泪。七月初七，在惆怅的雨夜里，上演着动人的故事。

　　据老人们讲，这天夜晚，若是藏在葡萄架或者豆角架下静静地聆听，

还可以听到牛郎织女浓情蜜意的情话呢！至今，在天空的繁星中间，我们还可以看见有两颗又大又亮的星星在天河的两边闪烁着，那便是牵牛星与织女星。和牵牛星并列成为一条直线的两颗小星星，正是他们的一双儿女。而且，七夕的晚上天河是东西走向，不同于以往的南北方向。因为南北方向的时候，孩子是见不到织女的。所以，民间有"天河南北，孩子不跟娘睡"的说法。

牛郎织女的故事美妙感人，它既是对坚定不移的爱情的歌颂，也是对执著、勇敢的精神力量的赞赏。两人等待一年，只为那一年一次难得的相聚，他们的爱情可以称得上是永恒不渝，海枯石烂。直到今天，人们常常以"牛郎织女"来描述恋人或夫妻之间的恩爱。

"七夕相会"应该称得上是传说中的精彩之笔，这是传说的创造者用无比丰富的幻想来美化老百姓心中的理想生活。这一奇特的想象，看起来似乎十分荒诞，但是正是在这种不可能中，人们的力量得到了尽情展现，人们的愿望得到了最大的满足。值得一提的是，相会之日被安排在"七七"佳期，这绝非偶然，其中不仅寄寓着人们美好的憧憬，而且还包含着深厚的文化底蕴。中国人对"七"有着深刻的感情，天有七颗神圣之星：太阳、月亮、金星、木星、水星、火星、土星；光有"七谱"：赤、橙、黄、绿、青、蓝、紫；人有"七情"：喜、怒、忧、思、悲、恐、惊……可见，"七夕"是与数字崇拜有着密切的关系。对"七"的崇拜是一个普遍的文化现象，一个"七"已经具有神秘色彩，由两个"七"组成的"七七"更是不同寻常。

其实，早在汉代，"七夕"就开始作为一个节日，受到百姓的重视。那时候，人们把这一天称为"乞巧节"、"穿针节"或是"女儿节"。女子们因为这一天的到来而欢欣雀跃、奔波忙碌，她们梳妆打扮、涂抹胭脂、穿针引线、争做家务。女子心目中的织女是一位聪明温柔、心灵手巧的仙女，所以七夕之夜，年轻的姑娘们都要出来参加拜祭的仪式。她们抬头仰望暗夜的星空，寻找位于银河两边的牛郎星与织女星，并且向织女乞巧，祈求自己也能有一颗像织女一样聪慧的心与一双如同织女一般灵巧的手。近年来,年轻人还把这一天定为"中国的情人节"。七月初七,不仅是恋人或者夫妻团聚的日子,也是向所爱的人表白或是表示爱慕的良机。每到这一天,大街小巷到处充满着温馨甜美的爱情的味道。

孟姜女哭长城

牛郎织女的传说始终与"七夕节"这样一个浪漫美丽的节日相连,那么,四大传说的最后一个《孟姜女哭长城》,同样也设定了一个日子——每年农历十月初一"寒衣节"——用以纪念孟姜女与万喜良的爱情故事。

相传,在秦始皇时期,孟姜女的丈夫万喜良被抓去修造长城。孟姜女千里寻夫,万里送寒衣,却无人认识万喜良。终于,有个民工说认识万喜良,紧接着,这位民工悲伤地手指着城墙底下,缓缓地说:"一堆白骨,就在那里。"孟姜女明白后,号啕大哭起来,哭得昏天黑地,哭倒了一片长城,露出了万喜良的尸骨。后来,孟姜女面对面与秦始皇作斗争,最后投河而死。

这就是已经流传了两千多年的《孟姜女哭长城》的故事。孟姜女千里迢迢给丈夫送寒衣,得到的却是丈夫惨死的消息。"孟姜女哭长城"的爱情悲剧,正是秦始皇下令修建长城带给广大老百姓沉重灾难的一个缩影。修筑长城是一件浩大的工程,长城西起临洮,东到辽东,足足有万里长,而且工程大部分都是在崇山峻岭之间,更是加大了修建的难度。为了修建长城,秦始皇下令征集几十万的民工,开山、采

孟姜女雕像

中国民间文学入门寻味

石、筑城……恶劣的自然环境,繁重的体力劳动,使得绝大部分民工死于疾病与劳累中。由于死亡民工数量太多,无法一一埋葬,就把尸体做批量处理,当作基石埋在城墙根下。可以说,万里长城就是由血肉奠基、白骨筑成的。如今,长城被誉为"世界八大奇迹之一",可是,在它辉煌的背后,凝结了多少像万喜良这样劳苦大众的泪与血,又有多少像孟姜女一样的女子因为破碎的家庭和失去的爱情曾经悲天恸哭!

其实,在春秋时期,"孟姜"是美女的一个代称,并非固定的人名。据一些学者考察,她的原型是杞梁妻,就是杞良的妻子。杞良原是杞国的战将,后来因战而死,国君本想在野外对杞梁妻表示哀悼之意,杞良妻拒绝了。因为按照当时的礼仪,悼念仪式必须安排在家里,不应该在野外进行。战国时期,人们开始编故事,杞良妻的故事安排在歌和音乐的领域,由于要传唱,传着传着就演变成了杞良妻会唱歌。到了汉代,天人感应学说开始盛行,故事开始发展成为杞良妻的哭声感动天感动地,连长城都坍塌崩溃。这个故事与秦始皇挂钩,是在唐朝时期,人们一联想到长城是秦始皇建造的,于是,便把秦始皇牵扯了进来。

孟姜女在我国民间传说中是一位知名度极高、影响面很广的人物。虽然,她是艺术幻想的产物,但是其与万喜良的故事反映的社会矛盾却十分现实。动人凄婉的《孟姜女哭长城》,可以说影响了中国两千年以来一代又一代人。这一传说表面上看似一场悲情的爱情故事,实则诉说了剥削阶级强加给劳苦大众的繁重负担。在艰难困苦中,孟姜女强烈反抗和控诉以秦始皇为代表的残酷暴政,面对与自己生离死别的丈夫,她始终不离不弃,追求坚贞不渝的爱情。她的不幸遭遇和英勇的抗争行为,代表的正是那个旧时代下广大劳动人民的共同命运。

《孟姜女哭长城》以生动鲜活的人物形象、曲折动人的故事情节以及深刻浓郁的悲剧色彩深得中国劳动人民的喜爱,并引起了广泛共鸣。如今,在山海关的望夫山上,有个高大的石包,传说那就是孟姜女的坟墓。后人还在此地建立了一座姜女庙,用以纪念传说中这位伟大的女主人公。如同每年的"七月初七"人们会想到牛郎与织女一样,北方民间也设定一个日子,用来纪念可敬可爱的孟姜女。每到农历十月初一"寒衣节"这天,妇女们都要亲手缝制新的衣服送给远方的亲人。如果亲人已经去世,就用纸剪制成寒衣,挂在坟头,祭祀一番,然后烧掉。这种习俗成分的加入,更让老百姓感到传说的鲜活,《孟姜女哭长城》的故事也更加牵动人心。

二 "月神"嫦娥

四大传说以其传奇性获得了引人入胜的效果,一直流传至今。除了这四大传说之外,中国民间还蕴藏着很多值得细细品味的故事……

晴朗的夜空,当你抬头仰望的时候,最先吸引眼球的莫过于那又大又圆的月亮。关于月亮,从古至今,民间流传着许多美丽的传说,最著名的当数《嫦娥奔月》的故事。就连我国开展的飞天探月工程,都被命名为"嫦娥工程"。可见,《嫦娥奔月》强大的影响力。甚至可以说,它已成为了一种符号或者象征,早已深深地潜入人们的内心。

在"神话故事"一章中,我们提到神箭手羿射九日的故事。在前面讲到,羿的行为得罪了帝俊,被贬到民间。接下来,我们看看羿来到人世间后的生活。俗话说,美女爱英雄。后羿虽然成了一名普通的老百姓,但得到了仙女嫦娥的赏识,嫦娥十分仰慕这位为民除害的英雄,并毅然决然地嫁给了羿,跟着羿来到民间生活。但人间的生活终归是比不上天堂,在天上,嫦娥住的是琼楼玉宇,穿的是云锦天衣,喝的是琼浆玉液;但是,在人间,两人整日是在蓬门荜户中吃着粗茶淡饭,穿得虽然谈不上破衣烂衫,但也相差无几。最让嫦娥不能忍受的是,死后会进阴曹地府,被小鬼们捉弄。所以,她一直劝后羿寻找长生不老药。大神西王母看后羿英俊潇洒,箭法精准,是个有才之人,于是便送给羿一些长生不老药。被嫦娥知道后,独自服下。顿时,嫦娥的身子感到轻飘飘的,不由自主地飘向月宫。丈夫羿发现后,悲痛万分,千呼万唤,但也无法让嫦娥重回自己的身边。嫦娥到了月宫,住在其中的广寒宫,才发现那里冷清得出奇,她

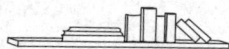

在漫漫长夜中被孤独折磨着，越发想念后羿，开始后悔当初偷吃不死药，以致落到如此凄惨的地步。"月到中秋分外明"，每到八月十五之夜，一轮又大又圆的月亮就会朗照大地，那便是嫦娥把深深的思念化成温柔的银辉，洒向人间，表达对后羿的相思之苦。

历史上，不少文人墨客通过诗句把嫦娥的悔恨和寂寞刻画得淋漓尽致。例如，唐朝诗人李商隐的《嫦娥》——"嫦娥应悔偷灵药，碧海青天夜夜心"，偷吃仙药的嫦娥，独自处于碧海青天而夜夜寒心。

从《嫦娥奔月》中，我们应该好好地思考一下，人要如何生活？是个人长生不老，独自生活？还是有悲欢、有离合地享受人间冷暖？生命的意义究竟又是什么？我们不能被物欲横流的社会蒙蔽了双眼，而应该学会用心去感受生活，注重人与人之间的情感带给我们精神上的满足。

三　人物传说

除了天上的神仙以及帝王将相，在普通的老百姓中间，也出现了很多能工巧匠、文化名人以及英雄人物。

在河北省赵县，有一条洨河，在河上凌空横跨着一座大桥，名曰赵州桥。这座既宏伟又坚固，既实用又独特的古代桥梁，相传是由土木工匠的开山鼻祖鲁班所建。在歌舞小戏《小放牛》中，还有这么一段唱词：

赵州石桥鲁班爷爷修，玉石的栏杆圣人留，张果老骑驴桥上走，柴王爷推车轧了一道沟。

鲁班雕像

这就是说的鲁班与赵州桥之间的故事：赵州桥被鲁班建成后，八仙之一张果老倒骑着毛驴，柴荣推着木车，也前来凑个热闹，看个究竟。两人问鲁班，大桥能否经得住他们行走。鲁班心想：连大车都可以安稳度过，何况他们骑的是一头毛驴加一辆独轮木车。谁料想，两位仙人施了个法术，把日头、月亮和中国的五岳名山全部带上，一起上桥。赵州桥于是变得晃晃悠悠，幸好鲁班反应迅速，立马举起右手托住了桥身，保住了大桥。但是，由于鲁班"有眼不识仙人"，所以至今木匠师傅们在做工时常用一只眼睛来瞄线，算是对其的"惩罚"。

我们再回过头来看看被鲁班保住的大桥：幸好大桥的质量过硬，在桥面上，只留下了几个驴蹄印和一道车沟；桥下面，留下了鲁班的一只大手印。后人把这些痕迹称为"仙迹"。值得一提的是，驴蹄印和车沟的痕迹都留在了桥东侧的三分之一处，久而久之，便成了自然的行车指挥线。大车小车都要靠"仙迹"里面行走，据说，如果破了仙迹，将会遭受不测。这座举世闻名的赵州桥，距离现在已经有一千多年的历史了，仍旧保存得十分完好。每天都有很多慕名前来的参观者，跑去看桥上留下的"仙迹"，并互相传颂着鲁班与赵州桥的故事。

鲁班，其原型是春秋战国时期的鲁国工匠公输班。后来，他俨然成了光彩夺目的劳动英雄，人们把很多发明创造都归功于他。相传，锯子、雨伞等，甚至故宫，都是他的发明创造。其实，赵州桥是出于隋代石匠李春之手，由于像这样大跨度的双曲拱桥在封建时代确实是一个奇迹，于是在传说中将它归功到了鲁班的名下。鲁班之所以成为众人崇拜的偶像，不仅在于他拥有着无限的智慧，更是他那谦逊、淳朴的品质吸引着人们。传说中的鲁班常常以普通老头的形象出现在有困难的人们身边，总是雪中送炭，出其不意地给人以暗中的帮助和指点。

生活中，只有能工巧匠还不行，人们的精神生活也很重要。在众多拥有艺术细胞的劳动人民中间，民间歌手刘三姐脱颖而出。刘三姐，是广西民间传说中的壮族姑娘。她聪慧可人，天生丽质，更是拥有一副好嗓子，有着出口成歌的本领。她自编自唱了许多山歌，被视为"歌仙"。

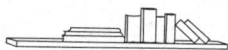

刘三姐不仅是位有才华的女子，更是位疾恶如仇、敢爱敢恨的姑娘。她常用山歌唱出穷人们平日敢怒不敢言的心声，故而触犯了很多土豪恶霸，最后竟被迫害至死。为了纪念这位伟大的民间音乐家，人们于每年的三月三都到柳河边上赛歌，用歌声诉说着对"刘三姐"的怀念。

欣赏完壮族姑娘刘三姐的才艺，再看侗家男子吴勉的英雄事迹。《吴勉》是侗族的民间传说，流传于贵州、广西、湖南等广大地区。特别是在吴勉的家乡贵州黎平县，《吴勉》更是家喻户晓。无论你走到哪个侗寨，那里的人们都会向你讲述吴勉的故事。

故事是这样的：明朝初年，朝廷对侗族地区进行武力征服，肆意践踏、剥削百姓。明太祖洪武十一年（1378 年），终于爆发了以吴勉为首的农民武装起义。后来，队伍不断发展壮大到 20 万人，吴勉被推选为"铲平王"。起义一时风起云涌，席卷"八洞"，一度占领了现在的贵州、湖南、广西三省交界的广大地区。朝廷知道后，极为恼火，调动 30 万大军进行镇压。"上黄"一战，使得持续八年的起义失利。朝廷劝降，吴勉置之不理。最终吴勉被俘，牺牲于南京，但是吴勉的英雄事迹以及他除暴安良、威武不屈的精神却一直被侗族人民世代传颂。

在中国的封建社会，曾发生过多次农民起义。《吴勉》就是脱胎于真实的历史人物，但它毕竟是传说，中间加入了很多幻想、传奇、夸张的成分，在吴勉一个人的身上集中了很多农民起义英雄的英勇事迹。起义虽然失败了，但是在故事中没有丝毫悲观主义的色彩，到处洋溢着积极的乐观主义精神。这表明侗族人民深感吴勉的反抗是正义的，而且正义必定能够战胜邪恶。

四　物产名品

在民间传说中，关于物产的传说十分丰富。譬如蒙古族的马头琴传说、东北长白山地区的人参传说、江苏南京云锦的传说、河北徐水白菜王的传说……

马头琴

蒙古族的民间传说内容丰富,数量众多,尤其以描写骏马的故事最为引人注目。蒙古族被称为"马背上的民族",牧人与马,如同鱼儿与水的关系,难解难分。我们从民间故事《马头琴》中就可以深刻感受到蒙古族人民爱马、怜马之情。马头琴是蒙古人民最喜爱的乐器之一,蒙古语称其为"绰尔",它有着梯形的琴身和马头形状的琴柄,声音婉转,圆润低回。《马头琴》通过讲述马头琴的来历,谱写了一个人与马儿的悲情故事。相传,牧童苏和有匹自己十分钟爱的小白马,但被王爷看中。奸诈的王爷想用一只羊将小白马换走,苏和不肯,家丁们对苏和拳打脚踢并把他捆绑起来,最终将小白马牵回王府。小白马想念自己的主人,当它脱缰而逃的时候,被王爷射死。苏和知道后,万分悲痛,他便取小白马的头骨为筒,腿骨为柱,尾毛为琴弦,制作了一把二弦琴,并按小白马的样子雕刻了一个马头安在琴柄的顶部,因而得名"马头琴"。这样,小白马就可以永远陪伴在苏和的身边。动人的故事,配上马头琴那柔和深沉的琴声足以让人感动到落泪……从马头琴中飘出的优秀歌曲颇多,它们富有草原特色,大都歌颂着对马的深情,例如众所熟知的《万马奔腾》、《牧马人》等。

不知大家是否还记得《射雕英雄传》中郭靖和黄蓉为给师傅治病来到长白山。为什么会选择长白山呢?因为这里可以说是一块宝地,"百草之王"人参的故乡就在长白山。《长白山人参传说》情节动人,讲述的是美丽可爱的人参姑娘与心仪的男子恋爱,却被财主害死,最后变成小鸟在山中呼喊着对方的名字。为了纪念人参姑娘,吉林省抚松县将每年的9月1日定为人参节,举行各种活动,其盛况可与春节相比。

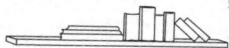

五 风俗节日

千里不同风,百里不同俗。各个地方具有不同的风俗习惯,而且这些古老节日风俗的形成,都有着丰富的传说故事。

除了春节,现在很多人似乎习惯了按阳历过日子。但自从 2008 年开始,端午节、中秋节等被列入国家法定节假日后,人们才渐渐对诸如此类的节日投去更多关注的目光。中国三大传统节日——春节、端午节、中秋节——可以说是构成了中华民族的整个农耕文化,三大节日把一年一度春种秋收的画面勾画得淋漓尽致。

关于端午节的来源,有多种说法,最为众人所熟知的当数纪念屈原说。端午节的习俗多种多样,赛龙舟、吃粽子、插艾蒿,人们发挥自己的想象,再加上各种文化因素的加入,把一个节日演绎得生动有趣。赛龙舟,现在俨然成了一项水上游戏。端午当天,喧闹的气氛抵过一切,赛过了,乐过了,这就是节日的全部意义,谁还管得了谁胜谁负?过节那天,粽子是餐桌上必备的一道美食。小巧玲珑的粽子,似乎已经成了一种中国传统的符号或是象征。这天,除了赛龙舟、吃粽子,还有一个很重要的习俗——插艾蒿。尤其是在我国的广大农村地区,家家户户都要在门上插几株艾蒿。让艾蒿在门边把守,据说可以驱灾避难。为何在端午节这天要严守家门呢?原来,古时候,都称五月为"恶月",而五月初五又被认为是最不吉利的一天。古代的人们甚至会将这一天出生的孩子视为"灾星"而遗弃。所有的一切,全部都是因为进入五月以后,天气逐渐炎热,细菌、蚊虫滋生,瘟疫流行,百毒齐出,因此人们对五月才会如此深恶痛绝。如果将散发辛香之味的艾蒿挂于门前,则可以祛除蚊蝇与毒虫。

提到端午节,我们必须得说一说屈原。如今,端午节这天,当你在品尝着粽子的美味,欣赏着赛龙舟的乐趣之时,是否还会记起它们与屈原的关系?多数人记住的可能仅仅是一位名叫"屈原"的爱国之人,但对于他的故事,早已抛却到脑后。屈原,一位对真理、自由、文明永远的追求者。在他那贵族血液中承载的全是良知与学识，风骨与涵养。相传，屈原爱国忧民，但昏君专政，使得屈原不能得志。端午当天，他听说楚国都城沦陷敌手，便愤恨地跳进汨罗江自杀了。人们为了救他划船前往打捞，这就是后来赛龙舟习俗的由来。打捞无果，人们为悼念屈原就把米装在竹筒中，投向汨罗江祭拜他。竹筒装米，就渐渐发展为现在的粽子。

端午赛龙舟

端午节，早已深入人心，成了一个增强中华民族凝聚力的节日。如今，它还走出国门，迈向世界，成了世界文化遗产，从而吸引了世人的眼球。

端午节是一个全民共度的节日。凡是中国人，无论身在故乡，还是远在异国，都会惦念着端午节。下面，我们凑个热闹，跟着贵州苗族人民过一个专属于他们的美好节日——姊妹节。

姊妹节，一个极富苗族特色的传统盛大节日，一个充满青春活力、充满爱的节日，其作为一种民俗、婚恋、社交方式传承至今。姊妹节，苗语称"努改林"，直译为"吃留下的饭"。姊妹节定为每年的农历三月十五，其活动内容主要有两个：一是妇女们上山采集树叶，捞鱼，杀鸡、鸭等，在一起做饭吃；另一个不可缺少的内容就是"游方"。所谓"游方"，即是苗族青年男女谈情说爱的一种方式。一般在苗族村寨附近都有游方场，节日的晚上，青年男女双双对歌，如果你有情来她有意，便互赠信物，谈婚论嫁。因此，姊妹节又被称为"藏在花蕊里的节日"，是"最古老的东方

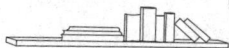

中国民间文学入门寻味

情人节"。欢庆姊妹节时,吃姊妹饭是最让人期待的一个活动事项。姊妹饭分有五种颜色,每种颜色代表不同的含义:绿色象征家乡美丽如清水江,红色象征寨子发达昌盛,黄色象征五谷丰登,蓝色象征富裕殷实,白色象征纯洁的爱情。姊妹饭是姑娘们送给意中人以表达情意的信物,它是爱情信息传递的载体,融进了苗族人浓浓的感情和恋人之间甜蜜的爱意。

在苗寨过完"东方的情人节",我们再去火把节的现场感受一下"东方狂欢节"的魅力。

每年农历六月,在我国的西南边陲,都会迎来一个火热的节日——火把节,这是彝族、白族、哈尼族、纳西族等少数民族的重大传统节日。火把节源于一个英雄战胜魔王的传说。相传在远古时代,有个恶魔祸害人间,一位叫包聪的英雄挺身而出,救人们于水火苦难之中。恶魔大怒,放出各种害虫糟蹋庄稼。包聪号召人们集合起来,点燃一支支的火把烧掉害虫。后来,为了纪念这位伟大的英雄,人们便把所有害虫都消失的那一天定为"火把节"。节日至少持续三天,也有长达十天半个月的。每到节日之夜,男女老少都举起火把,唱歌跳舞,在田野里迂回,形成长长的火龙,十分壮观。节日期间,不仅在激情燃烧的夜晚有热情奔放的篝火晚会,在活力四射的白天也有着各种比赛:"力拔山兮"的大力士进行着摔跤的较量,惊心刺激的赛马、斗牛等活动也在不断上演。

第三章

春天里的记忆
——民间童话

　　童话,仿佛我们枕边的一个梦。在童话世界里神游,如同在暖暖的春日下漫步,沐浴着春风,听闻着鸟语,感受着花香,那叫一个惬意。无论现在的你是三岁婴孩,或是十几、二十几岁的青年,还是正值不惑的壮年,更或是来到耄耋之年……请不要吝啬你的童真、隐藏你的童心,抽个时间到民间童话的世界里畅游一番吧!

一　动物纷争

　　当你看到关在笼子中的各种动物时,是否能想象到它们在森林中的斗智斗勇,在草原上的你追我赶,在花丛中的你躲我藏呢? 其实,在民间童话中,有一类作品把动物的那些我们平日里看不到的性情全部融入故事中,让动物们作童话的主角,上演了一幕幕精彩神奇的剧情。

　　很多动物的特点在动物故事中被演绎得淋漓尽致:知道为什么狐狸的尾巴是花毛吗? 知道猴子为什么是红屁股吗? 那兔子怎么会有豁子嘴呢? 马又为什么总是立着睡觉? 童话《狐狸、猴子、兔子、马》把答案全都告诉了我们:狐狸由于太馋,利令智昏,它听信猴子的话,去咬正卧着睡觉的马的屁股,被马在地上拖得身上灰一块黄一块;猴子看见狐狸

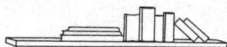

在地上被拖,于是被胜利冲昏头脑,一下子从树上掉下来,把屁股摔得通红;兔子见猴子摔了跤乐得笑成了豁子嘴;马自从被狐狸咬过,就再也不敢卧着睡觉了。还有,公鸡以前是不叫明的,从《公鸡要角》中,我们才知道原来是鹿把公鸡的角借去参加婚礼,但一去不复返,公鸡是为了要角才早起叫明的。这些故事充满趣味地解释了动物们现在的模样与特点,让我们百读不厌。

关于动物的童话故事,总是用拟人的手法,将各种动物活灵活现地展现出来。故事将动物人格化,赋予动物人的特点,对它们进行深刻的心理描写和生动的性格刻画。动物童话不是单纯地讲动物们的故事,其中通过动物间的纠葛,暗含人与人的关系,揭露着世间百态。《兔子报仇》为我们讲述了一个以弱敌强的故事:柔弱娇小的兔子面对横行霸道的狮子,毫不畏缩,施以巧计致狮子于死命。这则童话故事暴露了"百兽之王"狮子的凶残、蛮横、好战与愚蠢,即使是弱小善良的兔子也逃脱不了"山林统治者"的魔掌。当你清楚狮子和兔子所处的地位,看到兔子愤而发起的反抗后,是否想到了人类社会中某些阶级的斗争呢?

生活中有很多人像《兔子报仇》中那只小兔子,聪明伶俐,勇敢善良。还记得《狼外婆》的故事吗?对其中与狼外婆斗智斗勇的三姐妹还有印象吗?俗话说:江山易改,本性难移。在《狼外婆》的故事中,狼虽然有了人形,但其本性未改。它变成了慈祥的外婆,想骗吃三姐妹,但是聪明的孩子们识破了狼的阴谋,用计将它摔死。此故事,广泛流传于我国很多民族中间,有多种版本,不一定都是狼外婆,有些地方叫老妖婆、秋胡老妈妈、老虎外婆等等。同类型的故事还有独龙族的《月桂》、白族的《荨麻与艾蒿》、纳西族的《两姐妹》……这些童话都是用美妙的想象,表现妖魔的狠毒,对小主人公寄予深深的同情。故事中,吃人的灰狼、老虎、妖精,往往都是用各种手段把自己凶残的本来面目掩饰起来,扮成好人欺骗善良的人们。可是,"天网恢恢,疏而不漏",坏人的表演终归是要被戳穿的。从《狼外婆》一类的故事中,我们明白要善于识破敌人伪装的样子,在面对他们的残暴行为时,只有有勇有谋,才能取得斗争的胜利。

很多时候，面对敌人的挑衅，单枪匹马根本抵挡不住邪恶的强大势力的，"团结就是力量"，众人联合起来方能取得胜利。从苗族童话《为妈妈报仇》的故事中，我们便能感受到协同作战的威力。《为妈妈报仇》讲述了老母鸡被野猫咬死，小鸡崽为妈妈报仇的经历。小鸡们去找野猫报仇的途中，先后得到了苦子果、螃蟹、蜜蜂、牛屎、棒槌等小伙伴们的支持，他们都愿意加入到复仇的队伍中来。野猫见到小鸡崽们，贼心不死，还想吃掉小鸡，藏在火塘里的苦子果见状立马炸裂开来，喷了野猫一脸炭火；野猫跳进水缸，被螃蟹夹得浑身疼痛；于是立刻逃往门外，又被蜜蜂蛰得满头是包；一不小心踩在牛屎上，眼睛、鼻子、嘴里到处充满了牛屎；这时棒槌从野猫头上滚落下来，一下就把它砸死了。复仇计划终于在小动物们的共同努力下取得了圆满成功。

《为妈妈报仇》风格简单明快，无论是有生命的小动物还是无生命的小物件，都被拟人化，构成了一幅生动活泼的完美图画。轻松的故事道出了深刻的道理：弱小者只要齐心协力，联合起来，必能打败凶恶残暴的敌人。野猫凶残，它有着强大的威力。在弱肉强食的社会，到处都存在像野猫一样的压迫者。哪里有压迫哪里就有反抗。小鸡崽和其朋友们想尽一切办法，依靠智慧，依靠团结，勇往直前，战胜敌人。苦子果、螃蟹、蜜蜂、牛屎、棒槌等看起来的确不起眼，但是每一个都有一技之长，弱弱联合，只要一条心，拧成一股绳，就能形成强大的力量。

二　人间情仇

以动物为中心的童话故事告一段落，下面该轮到"人"上场了。人物童话一般以现实生活中的人物为中心，他们善良乖巧，也可能心狠毒辣；他们足智多谋，或是居心叵测。接下来，就让我们进入到他们的生存环境中，深入到他们的性格角色里，感受他们酸甜苦辣的生活吧！

自古至今，亲兄弟之间的感情一直是一个比较敏感的话题，尤其是各自成家后，更是有些难解难分，冲突时有发生。民间童话中，叙说兄弟

之间情分的故事很多，例如《兄弟分家》。此故事在很多民族中都有流传，它以一条神奇的小狗为结构线索。霸道又自私的哥嫂，在分家时不按照兄弟均分的习俗，强占了良田肥牛，把最差的荒田和小黄狗分给了弱小而又善良的弟弟。但是，令哥哥万万没有想到的是神奇的小黄狗竟然会耕地，而且创造出了一系列的奇迹，带给弟弟很多好处。于是，贪心的哥嫂便把小黄狗借去，但它却不听使唤，而且使哥嫂尝尽了苦头。在这则童话故事中，将小黄狗的灵魂附着在摇钱树、棒槌、宝笼等一系列事物上，这是古老的"灵魂不灭"的信仰。其实，民间童话就是这样将神奇的幻想和真真切切的日常生活巧妙地结合起来，它在真实与虚幻之间得以永恒。"家家有本难念的经"，白族《长生得宝》中的兄弟俩在分家时也发生了纠纷：哥哥长保借扶养老人的名义，霸占了大部分的家产，弟弟长生，只分得了两匹老马。没过多久，老马在干活的时候就被累死了。于是，弟弟就到处帮工以养家糊口。"塞翁失马，焉知非福"，弟弟有次在自娱自乐唱调子时，被龙王公主发现。公主看长生才艺过人，便赠与他一个宝葫芦。这个宝葫芦是要风得风，要雨得雨。哥哥知道后，很是眼红，从弟弟那里骗走了葫芦，要葫芦变成一艘小船，带着自己下海闲逛，结果连人带船翻进了汪洋大海中。

兄弟分家因争夺财产而产生纠葛，最后闹到不相容的地步，为旧时代十分普遍的一种社会现象，就是在今天，也是屡见不鲜。童话故事用两兄弟代表两种对立的思想品质，老大的懒惰与老二的勤劳、老大的贪婪与老二的无私……童话故事用动人的描写，生动的情节，概括地反映了兄弟分家这一社会现实，表达了人们对自私贪心霸道者的愤恨和对无私善良弱小者的同情。人们对这两种思想品德的褒贬爱恨十分鲜明，作恶多端者最终遭到惩罚，甚至是自取灭亡；心地善良的人在历经磨难之后终能得到幸福。这是劳动人民构想出的正、反面主人公截然不同的结局，也是他们心中认为最正义的裁判。以此作为孩子们的教科书，是最好不过的了。

兄弟分家，的确是司空见惯的事。但是，兄弟团结，齐心协力渡过难关的例子更是比比皆是。《十兄弟》就为我们演绎了一幕幕兄弟情深的情景。老大顺风耳、老二千里眼、老三大力气、老四钢脖子、老五铁筋骨、老六长腿、老七大脑袋、老八大脚、老九大嘴、老十大眼,十兄弟形体特别,各有所长。他们取长补短,有事互相商量,互相帮助,什么困难都难不倒他们,即使是威力四射的秦始皇也害不死他们。秦始皇大修长城的事被顺风耳和千里眼知道了,十兄弟不忍看到民工们那么辛苦,决定以自己的"特异功能"帮助他们。秦始皇见老三力气大,怕得要命,要砍他头,钢脖子去顶,钢刀砍断了,却没伤着他一丁点儿的头皮;皇帝要用铁棍将其打死,铁筋骨可不怕,他把钢脖子替代下来;秦始皇最后只好将铁筋骨扔到海里,长腿又替换了铁筋骨,正好他还能去海里捞鱼,并用大脑袋的帽子将鱼儿、虾儿带回了家;老八将其脚刺拔出,烧了一锅鲜汤,结果被老九大嘴一口气喝完;气得老十大眼睛直掉眼泪,泪水汇聚成一股大水,淹没了秦始皇和他朝思暮想的万里长城。

你还记得神话中我们提到过的盘古、大禹、后羿等巨人吗?其实,十兄弟同他们一样,也是劳动人们集体力量与意志的化身。这些巨人们与罪恶势力进行抗争,看到他们,你是否想起了我们国家历史上那风起云涌的农民起义,以及起义首领所表现出来的英雄气概呢?

其实,英雄的气概不都是大人们才具备,有些小孩更是"青出于蓝,而胜于蓝"。也不要以为只有男孩才可以战胜恶魔,巾帼也能不让须眉。《李寄斩蛇》就为我们描述了儿童女英雄李寄为民除害的感人事迹。闽中一山谷有条大蛇,以专吃少女为生,人们都很怕它。每年八月老百姓都会带去几位少女,用以祭拜它。官吏们懦弱无能,有九个少女都丧失了性命。智勇双全的李寄挺身而出,奋力斩蛇,为人民除了此害。李寄的义举破除了人们对蛇的迷信,废除了大家朝拜蛇的陋俗,更是从精神上拯救了这一方人民。

三　幸福人生

"幸福在哪里"是人们一生不断追寻的人生问题。世间的烦恼有千

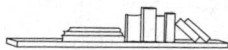

万,现在的你是为学习担忧,还是为工作苦恼？是为生活烦闷,还是被情感困扰？每个人一生都有很多烦恼盘结在脑际,于是,人们不断踏上征途,寻找幸福。其实,"寻找幸福",渴求美好生活,也是民间童话一个永恒的主题。有的人以艰苦卓绝的劳动斗争得来幸福,有的人以牺牲个人利益换求集体的幸福,总之,故事的主人公不停地行走在寻找幸福的途中。一路上,他们会发生怎样神奇、感人的故事呢？

在寻觅幸福的童话中,情节最为曲折丰富的当数《太阳的回答》、《三根金头发》等所代表的故事。《太阳的回答》主要是讲一位老爷爷与其孙子伊斯麻相依为命,一次老爷爷由于暴晒太阳晒死了,悲痛欲绝的伊斯麻就要去找太阳说理。在寻找太阳的途中,伊斯麻遇到了庄稼人和牧羊人,他们都要伊斯麻帮忙带几个问题问太阳,伊斯麻欣然答应。牧羊人有一头富有灵性的长毛羊,看伊斯麻既勇敢又善良,于是主动带着伊斯麻寻找太阳。在伊斯麻找到太阳后,才知道自己的爷爷只是昏厥过去,清泉里的凉水便能将其救活,而且庄稼人和牧羊人的问题,太阳也一一给予了回答。伊斯麻满意而归,从此,伊斯麻与爷爷继续过着幸福的生活。《三根金头发》是讲一个小伙子在出门寻找三件宝物作为娶亲聘礼的路上,别人托付他办三件事,他答应了别人,并竭尽所能办好事情。他得到了相应的报酬,而这些报酬正是他娶亲所要的聘礼。《太阳的回答》、《三根金头发》等这类寻找幸福的故事,还有诸如彝族的《淌来儿》、毛南族的《寻找幸福的人》等,它们都是既有着优美的艺术形式,又富有深刻的思想性,源远流长。这些故事的基本构思也是一致的,主人公开始都是为寻求自己的幸福出门,途中以舍己救人、先人后己的难得精神帮助了很多人解决困难。他们有着不惜丢舍个人幸福,急人之难的好心肠。"善有善报,恶有恶报",最终,主人公自己也收获了幸福。

四 美好爱情

爱情,历来是各类文学艺术的主题,在民间童话中同样如此。这些故事有的讲述了王子与公主式的完美爱情结局,有的讲述了人和异类产生的感情——勤劳勇敢的小伙子同水中鱼儿幻化而成的美好女性相恋,善良可爱的小姑娘同山林中的动植物变幻而来的英俊少年相爱等等。故事以不太长的篇幅,将相爱之人那令人揪心的一幕幕擦肩而过与悲欢离合的人生境遇生动地展现出来。爱情童话中既有温暖的太阳,也有滂沱的大雨;既有生死离别,也有长相厮守;既有背信弃义,也有相濡以沫……

你是否还记得"灰姑娘"?"灰姑娘"是德国格林童话《灰姑娘》中的女主人公,她备受心肠毒辣继母的虐待,整天在厨房里辛苦劳作,搞得满身灰土,人们便给她起名为"灰姑娘"。由于她善待小动物而感动天地,得到了神灵的帮助,在历尽继母和姐妹们的百般阻挠后,终于和英俊的王子幸福地生活在一起。

其实,在我国民间童话中也存在着大量像"灰姑娘"一类的爱情故事。诸如壮族的《达架和达仑》、藏族的《山妖的官寨》、彝族的《阿兜巴》、纳西族的《宝妹》、东乡族的《白羽飞衣》等。《达架和达仑》讲述了这样一个故事:达架这个可怜的孤女常遭到后娘的虐待,后娘想尽一切办法为难达架。由于达架得到了有灵性的母牛和喜鹊的帮助,她最终历尽艰难同洞主少爷结婚。但在回娘家的时候,她被同父异母的妹妹达仑害死。达仑顶替姐姐来到洞主少爷身边。"山寨版"的妹妹永远不可能顶替"正牌"的姐姐。最后,心如蛇蝎的继母和达仑得到了应有的惩罚。达架奇迹般地复活,并与丈夫团圆。《达架和达仑》代表了我国大多数"灰姑娘"类型的童话,其故事的矛盾纠葛围绕在勤劳善良但孤苦伶仃的姐姐同懒惰自私还娇生惯养的妹妹之间进行,结局也都是"善有善报,恶有恶报"。

《山妖的官寨》却以别具一格的方式展开了曲折动人的故事情节。残忍的后娘还没有生育自己的子女,就开始嫉恨丈夫以前的两个孩子,丈夫被迫把孩子们弃置在深山老林中。姐弟俩竟意外地做了官寨的主人。贪心的继母来向他们索取金银财宝,姐弟俩不计前嫌,送给她一袋

五彩宝石。哪知在回家的途中，五彩宝石变成了一群花豹，将贪婪恶毒的后娘咬死。于是，姐弟俩从此过上了太平的日子。《阿兜巴》也属于这种类型，只不过小女孩阿兜巴是父亲怕她被后娘害死，将其送到山上藏起来，并暗地里送饭喂养。故事将后娘的薄情寡义与亲爹的情深义重加以对照，更显动人。

"灰姑娘"系列的童话故事传讲不绝，经久不衰。它寄托着人们对遭遇不幸的孩子深深的同情，并由此生出让他们逢凶化吉，最终成就一个美好幸福结局的愿望。另外，人们把憎恨继母的情感化成使后娘和她娇生惯养的孩子弄巧成拙，最后得到重重的惩罚。以"灰姑娘"形象为题材而创作的动画片、小说、电影、电视剧等作品不计其数，它们都表达了人们对幸福生活和美好爱情的向往，形成了深藏在大家内心的"灰姑娘情结"。

"灰姑娘"般的爱情令众多年轻女孩心生向往，在童话故事中，还有一位亲切可人、富有灵性的"田螺姑娘"，俨然成了众多青年男子的梦中情人。

《田螺姑娘》生动地演绎了一个以打柴为生的单身汉同一个由田螺幻化而成的勤劳仙女的爱情故事。单身汉早上去田里干活，回家却有香甜的米饭和可口的菜肴等着他，他感到万分惊奇。一天、两天……天天如此，单身汉为了把事情弄清楚，于是早早回家，躲起来看个究竟。不看不知道，一看吓一跳，竟然有一位年轻貌美的姑娘从田螺壳里走出来，帮他料理家务。久而久之，两人相爱结婚。但是，皇帝不知从哪里听说了美丽可人的田螺姑娘，便派人将其抢走。单身汉历经千险万难，终于将田螺姑娘解救出来。从此，开始了

田螺姑娘雕像

两人真正的甜美生活。《田螺姑娘》的故事流传时间很长，影响范围很广，几乎家喻户晓。从单身汉与田螺姑娘的相爱经历中，我们看到了两人对于爱情的坚贞与执著。这是一个很富有人情味和生活气息的故事，同时，又没有失去童话的魅力。它创造出了一种亦真亦幻、亦实亦虚的艺术境界，有着在烟雾笼罩下所呈现出的湖光山色般的非凡魅力。

田螺能够幻化为漂亮姑娘，青蛙也可以变为英俊少年。

一只具有神奇魔力的青蛙，娶了一位美若天仙的姑娘做妻子。当妻子不在时，它便脱掉蛙皮，变成一位健壮标致的少年骑士参加奔马比赛。他骑术精湛，勇猛威武。他的火枪也能百发百中，为众人羡慕。只是，回家后就会变为一只又丑又小的青蛙。妻子知道这一秘密后，偷偷把蛙皮烧掉，这样丈夫就再也变不回青蛙。从此，两人便可长相厮守，共度余生。这就是广为流传的童话故事《青蛙骑手》。《青蛙骑手》将青蛙作为故事的主角，把青蛙这个原本外形很丑陋的精灵幻化为美的化身。其实，这与有些地区把蛙作为图腾崇拜有一定的关系。古代铜鼓上青蛙的装饰就是一个最有力的证据。铜鼓是一种古老而又神奇的乐器，发祥于云南，但在很多少数民族地区都有它的存在。铜鼓上的蛙饰也是很多民族崇拜青蛙的风俗的表现。至今在一些壮族地区，还有着祭祀青蛙的习俗。传说青蛙是雷王的儿子，雷王派他下来体察民情，但人们却毫不知情，将他杀害。南方多为雷雨的天气，打雷下雨青蛙鸣叫时，大家便以为那是雷王责备人们时的怒吼。于是，人们经常祭拜青蛙以祈求风调雨顺。

外文出版社出版的《青蛙骑手》

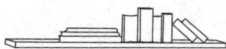

《青蛙骑手》是青蛙作为男主人公登场,还有一个脍炙人口的童话故事《蛇郎》,是以神奇的蛇作为男主角,讲述世间女子和蛇类通婚的故事。此童话借蛇郎从丑陋面孔到美好形象转变的过程,将姐妹俩的思想品质进行鲜明对比,从而看出世态人情的真相,并以此寄托人们的爱恨憎恶,表达人们的道德伦理观念。善良体贴的妹妹为了救父,心甘情愿地嫁给丑陋而且满身充满"蛇腥味"的蛇郎。最为难能可贵的是,妹妹超越世俗女子对荣华富贵的追求,真心与蛇郎相爱。令人万万没有想到,蛇郎竟然是一位近似于"白马王子"类型的男人,用现在很流行的"高富帅"来形容再恰当不过。妹妹的幸福引来姐姐的嫉妒,姐姐对蛇郎由以前的百般嫌弃瞬间变为不择手段地追求。于是,她狠心害死妹妹,自己取而代之成为蛇妻。妹妹死后,冤魂久久不散,对姐姐进行报复。贪婪自私的姐姐最终阴谋败露,搬起石头砸了自己的脚。妹妹历尽艰险恢复人形,与蛇郎团聚。故事暗示着妹妹命运的坎坷,她饱受磨难,但始终充满着与邪恶势力作斗争的勇气,从来没有失去过对未来美好生活的信心。蛇郎在故事中所占分量很轻,但它却是贯穿故事始末的一条重要线索。姐妹争斗因蛇而起,两人美丑因蛇而论,故事结局因蛇而终。《蛇郎》这个故事告诉我们,为解救他人的苦难挺身而出者,最终可以得到自己的幸福;而那些以不正当手段谋来的幸福是不会长久的,自私贪婪的小人终将受到惩罚。

诸如《青蛙骑手》、《蛇郎》之类的故事,摒弃了动物原本的丑陋特性,将其完美转化。这些动物由丑变美,真实地反映了阶级压迫下劳苦大众的悲惨命运:劳动人民创造了财富,过的却是贫困潦倒的生活;建造了宫殿,住的却是破旧不堪的茅屋;烹饪了美食,吃的却是所剩无几的残羹。他们制造了人世间的各种美,但他们却没有华丽的衣饰装扮自己;他们的精神世界是美好的,但得不到上层统治阶级的一丝赏识和肯定。童话故事通过田螺姑娘、青蛙骑手、蛇郎等多种精灵的形象将这种普遍性的社会矛盾展现得淋漓尽致。以此教育人们不能只看事物的表面,更要注重其内在的品质。

第四章

藏在小故事里的大道理

——民间寓言

一 动物世界

动物们平日里的生活看似很简单，整天不是吃吃喝喝，就是睡睡小觉，顶多到处闲逛一下。如果，你因此而小瞧了它们，那你可就大错特错了。因为，就是它们，建造了民间寓言的动物世界，让我们可以在此领略各种动物的风采，欣赏属于它们的故事……

老虎凶猛，狐狸狡猾，如果老虎想要吃掉狐狸，它能够仅仅凭借自己的身强力壮就将鬼点子充满整个大脑的狐狸拿下吗？我看未必——一次，老虎抓到一只肥美的狐狸，本想把它当作可口的晚餐，但是，受到威胁的狐狸怎么可能就这样断送自己的小命呢？于是，它立马想出一个办法，骗老虎说自己是天帝派来的百兽之王，老虎不能违背天意而将自己当作下酒的菜肴。它还用一个办法来证明：它自己在前面走，老虎在后面跟着，这样动物们见了他俩马上就吓得魂飞魄散，立刻就离开了。愚笨的老虎还真就上了狐狸的当，殊不知，野兽们是因为害怕老虎才逃跑的。老虎真是白白拥有了那强大的身躯，遇到事情不爱动脑筋，有头无脑，被狐狸耍得团团转。

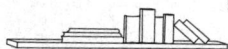

在"狐假虎威"的寓言故事里,狐狸凭借着老虎的威风,让自己从虎口脱险,四肢发达、头脑简单的老虎白白错过了一顿丰盛的美食。后来,人们就将那些仗势欺人、招摇撞骗的坏蛋比喻成此寓言故事里的狐狸。它能嚣张一时,但最终不会得到好的下场。对于没有真才实学的人,如果他欺骗了生活,生活一定也不会让他得逞。他能"狐假虎威"一时,却不能"狐假虎威"一辈子。如果有一天,"靠山"没有了,估计他也该傻眼了。

另外,有一点,我们不得不承认,寓言故事中狐狸遇事的灵机一动,与老虎的巧妙周旋是极妙的。西方人很喜爱狐狸,我想,除了喜欢狐狸表面的美丽,他们应该还喜欢它的这种机敏吧。

大块头的老虎在与狐狸较量一番大败后,又遇到了刺猬,结果再一次出丑。难道"百兽之王"的老虎真的就是四肢发达、头脑简单吗?

一天,老虎正在觅食,发现一只刺猬,老虎以为是块肥肉,刚想去叼住它,结果被刺猬卷住了鼻子。愚笨的老虎吓得魂飞魄散,一路狂奔,跑累了就不知不觉昏睡过去。这时,刺猬便放开老虎的鼻子跑掉了。老虎醒来发现没有了刺猬特别高兴,得意洋洋地走到橡树下面的时候,却看见了像小刺猬一样的橡斗,于是,老虎在一旁毕恭毕敬地说:"刚刚遇见了你的父亲,请求少爷可以赏条路让我过去。"

在这次与其他动物的过招中,老虎再一次战败,相对于刺猬的有勇有谋,外表貌似强壮的老虎在受到小刺猬的挑衅时不能沉着应对,还在遇到橡斗时自己吓唬自己,最终乱了阵脚。这则小寓言告诫人们对待问题要准确定位,善于分析,不能被表面现象蒙蔽,更不能像大老虎一样受到惊吓,心有余悸,便"一朝被蛇咬,十年怕井绳"。我们要有"吃一堑长一智"的精神,处理事情应具体问题具体分析,要像刺猬般善用自己的长处打败敌人,而不能如老虎一样在遇到困难时吓得屁滚尿流。

动物界本身就是一个相互残杀的世界,物竞天择,适者生存。在这样一个弱肉强食的社会里,动物们仅仅依靠体力的庞大远远不够,智力的强大才能真正使其立于不败之地。在《蜘蛛杀蛇》的寓言故事中,力量弱小的蜘蛛凭借着超人的智慧将力量强大的蛇杀死在自己的面前。开始是蛇想吃蜘蛛,够不着还不想放弃,过了很长一段时间正准备离开时,蜘蛛悬丝而下佯装追蛇,蛇重新抬头等待明明得不到的蜘蛛。最后,蜘蛛乘筋疲力尽的蛇不备,将其咬死。

蜘蛛与蛇,两者力量的强弱悬殊是十分明显的。但是,蜘蛛不畏强敌,敢于并善于与蛇斗智斗勇,以己之长,攻蛇之短。蜘蛛采取"游击战"的战术,将蛇弄得筋疲力尽、意志衰减,最后突然进攻,一举拿下。而蛇始终被蜘蛛牵着鼻子走,虽强亦败。

动画片《猫和老鼠》相信很多朋友不会陌生,这是一部由汤姆猫和杰瑞老鼠联袂搭档演出的一部经典动画剧集。其中,机灵小老鼠和大笨猫的斗争闹剧给无数的观众带来了无穷的欢乐。猫与老鼠本身就是一对天敌,关于它们的故事层出不穷,接下来的这则寓言故事《狮猫扑鼠》同样讲述了猫与老鼠的斗争经历。

在明朝万历年间(1573—1619),皇宫大墙之内有个和猫差不多大小的老鼠,给皇宫带来了无穷的灾难。从民间各个地方找来捕捉这只老鼠的好猫,统统都被老鼠吃掉了。一次偶然的机会,外国朝贡送来了一只狮猫,宫中人便将其放在老鼠的房间里。狮猫蹲在地上一动不动,老鼠看见它便愤怒地扑过去,狮猫避开。就这样来来回回数十次,大家都以为是猫害怕了,但是,过了一会,老鼠动作渐渐迟缓,好像没有了力气。正在这时,狮猫飞快冲向老鼠。结果可想而知,老鼠一命呜呼……原来狮猫躲避老鼠不是因为害怕,而是在寻找出击的最佳时刻。

骄者必败。大老鼠在宫中为非作歹,吃掉民间好猫无数,目空一切,自觉天下无敌,在狮猫面前也是不可一世,它猛冲猛打,狮猫却时时小心,处处小心,施展计谋,最终用智慧打败了老鼠。狮猫动智用谋,彰显了"勇"的功效。这则寓言告诫我们,做事情勇谋配合、相得益彰,方能取得最后的胜利!

看过林中奔跑的虎、地上爬行的蛇、到处乱窜的鼠,我们再把目光投放到空中翱翔的鸟儿身上。

爱子之心,可以说是为人父母的天性。但是,千万小心,不能溺爱孩子。《翠鸟移巢》就为我们展现了一只为保护小鸟,不停把鸟窝往低处挪移的翠鸟。最后的结局自然是小鸟被人们轻而易举地捉走了。幼鸟虽然没有尝到下落摔伤的痛苦,但是,却遭受了更大的苦难。护子移巢,无可厚非,可是也要妥善行事。就是因为翠鸟太过溺爱自己的孩子,酿成了"丧子之祸",最后反而是害了幼鸟。如此看来,做事情要三思而后行,权衡利弊大小后谨慎而为之。如果顾此失彼,因小失大,酿成巨大惨祸,岂不是要伤心后悔一辈子?

翠鸟移巢,猫头鹰也要搬家。由于村里人讨厌猫头鹰的叫声,它便要搬到东方去。《枭将东徙》,仅仅通过猫头鹰与斑鸠之间关于猫头鹰搬家的简单对话,就将猫头鹰"脸丑怪镜子"的愚蠢想法展露了出来。猫头鹰为了躲避人们的指责,想通过搬家的方法逃脱出来。可是它却不知,如果不改变自己难听的叫声,就是搬到东方,依然犹如过街的老鼠,人人喊打。

生活中就是有一类人,整天怨天尤人,怪别人不好,怨命运不公,却从不在自己身上找原因。如果在一个环境中得不到认可,逃避绝对不是对策。解决问题不从根本上进行,问题就像滚雪球一样越滚越大,最终甚至会落到无可收拾的地步。

原始社会时期,人类就同动物的关系很是密切。关于动物的寓言故事很多,因动物性格鲜明,不用多费口舌描述,便可给人生动的印象,无尽的遐想。再加上寓言中拟人化的表达方式,更是增添了故事的风采。

二 官场社会

寓言故事包罗万象,有的抨击官场上的尔虞我诈,统治阶级的黑暗;有的描写百姓邻里的琐事,人间世态的炎凉;还有的赞颂智慧之人的风采,勇敢之人的气度;也有的嘲笑小人的虚伪,木讷者的呆板和愚人们的妄想……

还记得《狼来了》的故事吗？由于牧羊人再三欺骗百姓，致使百姓对其丧失了信任。当狼真的来了，羊只能进了狼口。无独有偶，楚厉王因喝醉失手击鼓，戏弄百姓。百姓以为国家有难，匆忙赶来，却并无敌情。几个月后，当楚国真的陷入险境，百姓却没有一个过来支援。这就是《击鼓戏民》的故事。楚厉王拿国家的安危、人民的性命与百姓开玩笑，随意践踏国家的法令，必将受到惩罚。不把生死攸关的事情放在心上，随着自己的性子胡来，势必带来大难。

做大事之人，没有了信誉，何谈成功？人与人之间，没有了信任，何谈相处？

信誉是第一步，除此之外，为官者要怀有一颗仁爱之心，真正站到百姓的立场上怜爱百姓，替百姓着想，为百姓分忧。而不能整天想着如何克扣征税，欺压剥削人民，千万不能让百姓觉得苛政比吃人的老虎还要凶猛啊！

孔子在路过泰山时，看到一位妇女在哭泣，停车询问才知是因为当地老虎频繁出没，一家三代都丧命于虎口。可是为什么他们宁愿冒着丧失性命的危险，与老虎同山，也不愿搬离此处呢？并不是因为当地是什么世外桃源之类的乐土，而是因为此地远离了统治者的视野，可以逃避繁重的苛税。"苛政猛于虎"，人们宁愿选择被凶残的老虎吃掉也不想被残暴的统治者压得喘不过气来。

官吏的腐败，是历朝历代都有的社会现象。在封建社会，贪官污吏更是明目张胆地剥削压榨百姓。《猫虎说》也反映了封建统治阶级的黑暗与腐败。农民为了使庄稼很好地生长，想迎猫驱鼠、迎虎驱猪。他的小儿子认为前者行得通，但是迎虎驱猪不是一个好主意。本来都害怕凶猛残暴的老虎到来，还要迎接它，这怎么可以？后来，又经一位乡里先生的启发，农民终于明白，老虎来了固然可怕，可是奸官污吏来了，更是可怕，粮食同样保不住。从此人们再也不纠结于迎接老虎的事了。很明显，《猫虎说》同样是诉说着"苛政猛于虎"的悲哀现实。

在《州官放火》中讲到，有位叫"田登"的太守，最忌讳别人直呼其

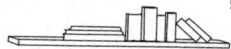

名。于是，下令让全州的人都把"灯"叫成"火"。元宵节时放灯，他手下的小兵不敢写"放灯三天"，便写成了"放火三天"。当地的老百姓平时就对田登的苛刻、无理要求十分不满，这次更是气愤万分。于是，编出歌谣"只许州官放火，不许百姓点灯"。田登为所欲为地限制百姓言论自由，真是十分可笑，由此可见封建社会的强权黑暗。

三　家庭生活

都说"棍棒底下出孝子"，小时候，不少人没少挨父母的打吧！父母打孩子，有人可能觉得天经地义，但是，你如果遇到学别人家父母的样子拿棍棒打别人家孩子的邻居，你会作何感想？天下之事，无奇不有，《代邻击子》就上演了这样荒唐的一幕——父亲管教自己的儿子，一位邻居看见了，便也拿起木棍打那人的儿子。反倒说，这是帮着孩子的父亲管教他的儿子。父亲恨铁不成钢，用棍棒教育自己的儿子，虽说这种教育方法不得当，却也在情理之中。但是，这位插手滋事的邻居，打着漂亮的幌子，管别人家的私事，理由再冠冕堂皇，其行为也是荒谬至极。

在《击鼓戏民》中，我们感受到了官民之间信任的威力。其实，哪里都需要信任，官与民，父与子，师与生，上级与下级……信任无处不在，尤其是在夫妻之间，如果信任没有了，那将是婚姻的一大悲剧。《夫妻祷告》讲述了卫国一对夫妻求神祷告的故事。妻子祈求众神可以捡到百钱，丈夫不解，为什么只要这么一点，其实妻子是怕钱多了男人在外面买小老婆。夫妻祷告，各怀心思，两人之间已经没有信任可言。

四　智人勇者

古代的时候，男子拥有好的箭法很重要，大能射中敌人，小能秒杀猎物。于是，列子、纪昌便开始学习射箭的技巧。

列子的师傅叫做关尹子，纪昌的师傅叫做飞卫。关尹子和飞卫的射技都很精湛。俗说话，名师出高徒，那是因为名师们都知道"授人以鱼不如授人以渔"的道理。列子射中靶子后请教关尹子，当关尹子问他为什么会射中靶子时，列子却哑口无言。关尹子便让列子回去再练习三年，直至列子摸索出射中靶子的原因后，关尹子才说可以。纪昌的学习经历与列子有些不同，纪昌学箭，是先练习不眨眼睛地看东西，而且一练就是五年。五年之后，终于掌握了射箭的诀窍。

"关尹子教射"，关尹子不仅要列子射中靶子，更要列子知道他能够射中靶子的原因，这就是所谓的"知其然，又要知其所以然"。只有掌握学习的方法，摸清学习的规律，精益求精，才能取得优异的硕果。

"纪昌学箭"，纪昌为练眼力，坚持两年看妻子织布机的脚踏板；又用三年时间看悬挂于窗口的虱子。万丈高楼平地起，学好一门技艺，首先要做好充足的准备，把基本功修炼到家。而修炼基本功的过程，是一个循序渐进不断提高的艰辛过程，很多失败之人就是因为忍受不了漫长的时间和枯燥的训练而最终放弃了心中的理想。在苦练基本功的时候，我们除了坚持，还是坚持，除此之外，没有第二个法宝。

"精诚所至，金石为开"，很多奇迹都是通过坚持创造出来的。

愚公家门前有太行、王屋两座大山，平日里进出很不方便，他决定把山移走。有个"聪明"的老头嘲笑愚公年纪太大，怎么搬得完那么厚重的土石呢？愚公回答道："我虽然死了，可还有儿子；儿子又生孙子，孙子又生儿子；儿子又有儿子，儿子又有孙子。子子孙孙，是没有穷尽的，而山又不会增高，有什么可担心的呢？"后来，山神、天帝被愚公的这种毅力所感动，帮助愚公完成了心愿。《愚公移山》的故事

愚公移山雕像

妇孺皆知，年近九十的愚公，他那坚强的信念、伟大的气魄和"精卫填

061

海"异曲同工。愚公百折不回的勇气和坚韧不拔的精神感动了天地,感动了鬼神,最终完成了心愿。如此看来,世上无难事,只怕肯登攀。

五　呆人愚者

宋国一个农民,只是偶然的一次机会碰到兔子撞树桩而死,便丢下农具,成天守候树桩旁,等待再一次的不劳而获。结果可想而知,竹篮打水一场空,兔子没等到,结果把自己饿得够呛。"守株待兔"的故事告诉我们,不靠自己辛勤劳动就想得到锦衣玉食,天底下好像还没有发生过这样的好事。

守株待兔塑像

还有一个"郑人"和一个"楚人",这两人虽身处异国,但呆劲却是那样的相似。郑人去买鞋,由于忘记带尺码,没买成鞋,他宁愿相信尺码也不相信自己那双比尺码还靠谱的脚。如此呆人,不知历史上是否真的存在,但是,有一点可以肯定,类似这种墨守成规的迂腐者在如今的社会中还是大有人在。"郑人买履"的故事中,他宁愿死守着记录尺码的那张纸,也不愿尝试用自己的脚实际感知鞋子的大小,真是愚不可及啊!

"楚人"不小心把自己的剑掉到水中,他不是赶紧下水捞剑,而是在船上刻记号,以记下剑掉下去的位置,等船停后再去寻找。这位拘泥不知变通的人根本就不知道用"发展"的眼光看待问题,水是流动的,船是前行的,等船停再寻剑,怎么可能再看到剑的身影?《刻舟求剑》的寓言,和上面两个故事都在告诉我们"时异则事变",无论做什么事情,都要从实际出发,灵活应对。

　　宋国的庄稼汉总爱异想天开,刚才还"守株待兔",这会又开始"揠苗助长"了。

　　一位宋国人总嫌庄稼长得慢,于是便给禾苗一颗颗地"手动"增高,结果禾苗全都枯萎了。殊不知,饭要一口口慢慢吃,禾苗也要一天天渐渐长。世间万物都有自己的生长规律,如果外力把它生拉硬拽,其结果只会适得其反。心急吃不了热豆腐,无论做什么事都不能急于求成。

　　像这位农民这样迫切想要禾苗长高不行,但是不求进步,长期自我封闭同样不可以。在《夜郎自大》中,滇王和夜郎侯见到汉朝使者时都问到自己的国家和汉朝相比孰大孰小。两人骄傲自负,肤浅无知,因此才会发出这样幼稚可笑的一问。他们都以为自己国家最大,却不知汉朝更大。滇国和夜郎,地处我国西南一角,受大山阻隔,交通十分不便。这两片弹丸之地与地域辽阔的汉朝相比,那真是"小巫见大巫"啊!滇王和夜郎侯整日就围着自己那一亩三分地来回转,根本不知道外面世界有多大。

　　清朝末期,我国逐渐衰弱,原因之一就是统治者们自恃清高,长期实行闭关锁国的政策,以为自己国家国富力强,物产丰富,岂不知天外有天。等到英国侵略者用大炮轰开中国大门之时,统治者们顿时傻了眼,才知道是时候该"睁眼看世界"了。

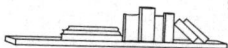

第五章

耐人寻味的幽默故事

——民间笑话

俗话说:笑一笑,十年少。下面就让我们来到民间笑话的国度里,一起感受这里的诙谐幽默与机智风趣。我相信,民间笑话能使你在享受轻松欢愉后,在笑声中思考人生,感受世界。

一 贪者可恨

在古代社会,贪官,好像已经成为统治阶级中的一个组成部分。无论贪多少,也无论贪的人数有多少,总之,"贪"肯定会存在。"贪"的方式多种多样,有光明正大的巧取豪夺,有私底下的收礼受贿,偷偷摸摸地不正当交易……封建社会,老百姓常在笑谈中把贪官各种"贪态"讲出来,将贪官贪得无厌的本性展现得淋漓尽致。

有这么一位官员,刚上任时,还真想当个清官,发誓说:"不能接受别人的钱财,哪只手接就烂哪只手。"可是,没过多久,他那"贪"性就开始发作起来。有人送钱给他,他想到起初的誓言,虽然不敢用手去接,但是,他准备了一个盘盒,把钱放到盘盒里。这样即使烂,也是烂盘盒。

《烂盘盒》这则笑话深刻揭露了贪官污吏的伪善真面目。可是,这位官员怎么就没有想到,烂盘盒是小事,哪怕烂手烂脚都没有关系,这些都可以修复或是医治。可现在最关键的是，自己的良心已经烂掉了，那这个，恐怕是用什么都不好救治吧！

旧时代的老百姓，大部分时间都是生活在水深火热之中，不仅要忍受贪官的贪鄙，还要忍受守财奴的吝啬。"朱门酒肉臭，路有冻死骨"，守财奴们更是只认钱，不认人。

有个乡下人，因为吝啬存了不少钱。临终时，他对妻子说："我一辈子六亲不认，才有了现在的生活。等我死后，把我的皮卖给皮匠，把我的肉卖给屠夫，把我的骨头卖给漆店。"说完，便闭上了眼睛。这个守财奴死了半天后，忽然又醒过来，继续嘱咐妻子："现如今人情淡薄，千万不要赊账给他们啊。"

这位乡下人的吝啬真是可以，就是对自己死后的器官也不放过。在十分讲究丧葬仪式的古代，他竟丝毫不顾及自己的形象，把自己的尸体像宰割动物一样拿去卖钱。这样既不用花钱办丧事，还能赚到钱，他真是太会算计了。这位乡下人连自己的身体都不在乎，可想而知，对待其他人更是要剥皮抽筋喝血了。《死后不赊》的构思很是巧妙，情节逐渐推进，故事的最后更是将整个笑话推向了高潮——对于临终前的安排他很不放心，断气半天后还要苏醒过来嘱咐妻子不准赊账，进一步揭露了他的尖刻无情，也更是为故事增添了不少的喜剧色彩。

这个守财奴是死后将自己"五马分尸"，还有个吝啬之人，他连自己的性命都不要了，就因为要多花那区区的"五分钱"。究竟在这个人的身上发生了什么样的故事呢，让我们一起来看看《一钱莫救》的笑话吧。

一天，这位吝啬之人外出时正好碰上河水上涨，他舍不得花钱坐船，便冒着生命危险自己涉水而行。结果，到河中间时被湍急的水流冲倒。他的儿子想出五分银子找一个船夫救他，但船夫要一钱银子才肯去。两人始终争执不下。这时，都快要被河水淹死的他却回头对儿子呼喊："五分便救，一钱莫救。"

真是佩服这个人的"沉着冷静"啊，在生死关头还对钱念念不忘。宁愿丧失性命，也要减少钱的支出。我们想问问他，连自己的命都不要

了,要那么多钱有什么用啊?

贯穿守财奴们一生的东西除了钱,还是钱。在反映守财奴嗜钱如命的笑话故事中,大都是将富人的身份和他吝啬的本性形成鲜明对比,这样更能暴露出被钱蒙住双眼之人的贪得无厌与冷酷无情。

这两位守财奴做的事已经让人们哭笑不得了,如果吝啬之人还有着虚伪的本性,那可真称得上是"人间极品"了。汉朝时,还真有这么一个老头,十分小气但又装作极其慷慨。

这个老人,家业很大,没有儿子。其生活十分朴素,朴素到一定程度就变成了吝啬。有个乞丐向他乞讨,他实在拒绝不了,便回屋拿了十文钱往外走,边走边减少送给乞丐钱的数目,等到见到乞丐时,钱只剩下五文了。于是,他既难过又心疼地闭着眼睛把钱递给了乞丐,还叮嘱道:"我把家里的钱都给了你,为防止别人效仿你过来找我要钱,所以你不要对任何人讲起这件事情。"

这位老人,本身就是一毛不拔的铁公鸡,但又自认为很慷慨。这则笑话的最大魅力,就是仅用几个传神、细致的字词便将汉世老人那吝啬的形象展现得活灵活现,刻画得栩栩如生,例如:一步一减的行为、闭着眼睛递给乞丐钱的神态等。

二　昧者可斥

据报道,在河南省某地的卖酒人都不喝自产酒,这究竟是为什么呢?记者通过深入调查才发现,原来他们产的全部都是假酒——生产厂家往葡萄酒里兑50%的水,另外还要添加色素、香精、酒精等,为的是能够调制出葡萄酒的色、香、味,卖出个好价钱。

像这样昧着良心卖酒掺水的现象不仅存在于现代社会中,就是在古代也是时有发生。

一个女人听说别家卖酒掺水的男人被雷劈死了,心里很是害怕,因为她的男人也在干着这种勾当。碰巧当天晚上雷电交加,两口子胆战心惊。窗户被大风刮开，男人不敢下地关窗，让女人去关。结果，女人一紧张，辫子夹在了窗户中，吓得女人大叫："老天啊，掺水的人不是我！"男人一听，立马跟着喊："抓到哪个是哪个！"

夫妻二人不打自招，他们贪生怕死，在相互推诿时却露了马脚，暴露出了自己的丑恶嘴脸，造成了十分强烈的喜剧效果。故事在引起笑声的同时，也暗含着明确的批判态度。善有善报，恶有恶报，平日里通过往酒里掺水，敛取不义之财，终有一天，会得到应有的报应。笑话通过关窗时男女两人的表现，把他们的人物性格刻画得入木三分，讽刺了夫妻二人唯利是图的奸诈欺骗行为。

酒中掺水，不只能看出商人的奸诈，同样也是他们不负责任的表现。这里还有一位医生，拿患者的生命开玩笑，更是丧失了责任心和道德感。一个士兵，不小心中箭，便找医生把箭取出。医生把箭杆剪掉后就不理不问了，问其缘故，他很坦然地解释道："我是外科医生，只看外边的症状，里面的事去找内科医生吧。"这便是《剪箭》这则小笑话。

不知道现实世界中是否真的存在这种没有医德的人，但是，像这样没有责任感的人实在太多了。

还有一类人，他们自命清高，但办起事来却是极不靠谱。

鲁国有个人拿着长竿进城门，横着拿，竖着拿，都进不去。这时候，有个老头过来指指点点，说："我虽然不是圣人，但是见多识广，你为什么不把竹竿剪成两截再进城门呢？"没想到，那人还真按老头的话照做了。

作为读者的你，想必早知道怎么将竹竿拿进城了吧。本来是一件极其简单的事，但是这位鲁国人却横竖进不去。如果说《长竿入城》中这位鲁国人愚蠢至极，那么那个自认为见多识广的老头更是让人发笑。他自作聪明，以为自己很了不起，还敢与圣人相比。殊不知，他的一个馊主意，把事情搅和得越来越乱。

人在遇到困难的时候，要多动动脑筋，全面、周到地看待问题。墨守成规，不知变通者永远不可能取得什么惊人的成绩。换种角度，换个方

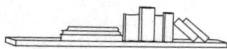

式,或许就会柳暗花明又一村。当然,每个人的能力有限,实在想不出办法,求救他人也是十分有必要的,毕竟"三人行必有我师"。但不要像这位执长竿的鲁国人那样盲目听从。要知道,有很多"山寨版"的"智人",他们摆出一副好像很权威的样子,乱指挥,瞎指挥。你可千万要擦亮眼睛,小心上当啊!

这里还有一位不知死活的驼背人,由于盲目听从不负责任的医生的话,结果把命都给搭进去了。故事是这样的:一位医生,自吹可以将驼背治好。有个人还真是很好忽悠,第二天便找医生为自己治疗驼背。没想到,这位医生的治疗方式是如此特别——将人压在石板下面,人是压直了,可也压死了。病人的儿子到官府告他,医生却反驳道:"我的职责是治疗驼背,只要背直了,人是死是活,与我无关。"《医驼背》中这位病人真是悲哀,被石板活生生压死了,还讨不到一个公正的说法。还有那不负责任的医生,道出的那个冠冕堂皇的理由更是让人哭笑不得。

三 小人可气

我们在刚开始谈民间笑话的时候就提到了一些贪官污吏、地主恶霸,既然社会中有这种人生活的土壤,肯定也有为他们耕地施肥的谄媚小人。《请大老爷公断》这则笑话就将满脸奉承相的张大肚子勾画得十分到位,尽展他那可悲可笑的丑陋形态。

县长问张大肚子:"姓什么?"张大肚子回答:"请大老爷公断。"又问:"多大了?"他继续答道:"请大老爷公断。"再问:"什么时候生日?"还答:"请大老爷公断。"……

"请大老爷公断",简单的一句话,重复三次,就将张大肚子那巴结的谄媚形态展现了出来。连自己姓什么,也要县长公断,可见张大肚子那卑躬低贱的灵魂。他还故作斯文,总是不停地接着县长的话茬,编着恭维的奉承话。他扮演着一个满口说着肉麻之词,满脸装着谄媚之态的哈巴狗形象,在极力地讨好着他的"主人"。

不过话又说回来，正是张大肚子这种滑稽的丑态，反而使得他在笑话的艺术中，变成了一种美态，为故事增添了更多的美感。或许，这就是民间笑话讽世警人主题思想的生动展现。

在民间笑话中，还有一些故事讽刺了封建思想与封建意识，表达了人民群众对迂腐观念的强烈不满。

有一位风水先生，很是迷信黄历。他要出门，得先看看黄历怎么说。黄历不允许出门，他便从墙上跳出去。墙塌，被压，人们想要救他，他却急忙制止，原因是这一天黄历不让动土，还是等明天再出来吧。《不能动土》这则笑话刻画了风水先生迷信黄历的丑陋形态，故事极其形象而尖锐地讽刺了他的这种可笑行为，更是对迷信、禁忌进行了直接痛快的谴责。

"老黄历"是民间极为流行的一种说法，风水先生正是深受"老黄历"影响的典型代表。这位先生真可以说是老黄历的忠实粉丝啊，宁愿被墙压着，也不让动土。他恪守黄历上要求的各种规矩，不仅没有躲避灾难，反而更加倒霉。但即使这样，他还是执迷不悟，仍旧迷信黄历上所载的各项禁忌，可见他的迂腐和荒谬。

四　愚者可笑

民间笑话中还存在一种讽刺的幽默小笑话，这种笑话不会让人有那种戳刺的疼痛感，它只是在善意地提醒人们要有所警惕或做些改变。这些笑话总是有一种深刻的教育作用，它规诫着人们的言行，劝慰着人们的心灵。

"讨口彩"是老百姓在逢年过节或是乔迁之时十分盛行的一项风俗，人们说些吉利话以表达自己心中美好的愿望、真心的祝福或是对幸福生活的向往。这是一种语言的游戏，玩不好，不仅会贻笑大方，最重要的是会让主人感到不快，扰乱大家的心情，破坏节日的氛围。这里就有则《不打官司》的幽默笑话。

有家人连着几年都打官司,很是不如意。趁着过年之际,父子三人准备各说一句吉祥话,以保佑来年清静些,不让官司找上门。父亲先说:"今年好。"长子接着说:"晦气少。"次子最后说:"不得打官司。"他们把这三句话写成一个长条,挂于堂屋。大年初一,女婿拜年,看见此条,便脱口而出:"今年好晦气,少不得打官司。"如此一来,主人精心设计好的一句"讨口彩"被女婿这么一念,显得十分晦气,打碎了主人心中那满满的美好愿望,搅乱了主人精心营造的喜庆吉祥的过年气氛。

生活中的幽默讽刺笑话还有很多,例如取笑傻人说傻话办傻事的《过了三年一样高》:丈夫抱来一个三岁女童给六岁的儿子做小媳妇,妻子很是不满地说:"一年大三岁,十年就大三十岁,如何才能白头到老?"丈夫笑妻子傻,反驳说:"你真是不会算账,再过三年,两个孩子不是一样大了吗?"此外,还有嘲笑丈夫出门在外,把饼挂在妻子的脖子上,但是由于妻子太懒只吃嘴边一块而被活生生饿死的《懒妇》;讽刺明明是因害怕妻子而躲在床下不敢出去却自称很男人的《大丈夫》;揭露客人宁愿遭受皮肉之苦,也要承认酒店酒酸事实的《吊了我吧》,等等。

五 智者可敬

说到阿凡提,人们的头脑中立马就会闪现出一位智人,正代表着劳苦大众与恶人们进行辩驳。他用那话里藏刀的睿智语言嘲笑着国王的险恶昏庸;讨伐着官员的横征暴敛;抨击着商人的投机倒把;讥笑着伪君子的虚情假意;批判着小市民的愚蠢无知……他是智慧的化身,也是快乐的化身。只要一提到阿凡提,一讲到阿凡提的故事,人们就会心情大悦。看着他把国王气得面红耳赤,把贪官骂得狗血淋头,把小人折磨得死去活来,把愚人嘲笑得哑口无言,你怎能不拍手称快呢?

阿凡提,其维吾尔语的意思是"先生"。不同地区的人对他有不同的称呼,除了叫他阿凡提外,还有人叫他毛拉、霍加等。他大智若愚,喜欢讲笑话,善于讲笑话,用笑话为自己分说辩解,为百姓伸张正义。

阿凡提就是凭借着一头小毛驴和自己那张三寸不烂之舌行遍了天下。接下来,我们就去寻找阿凡提的踪影,看他是如何与敌人斗智斗勇、周旋对抗的。

一天,阿凡提来到皇宫,国王问他:"等我死后,我的灵魂是进入天堂还是落入地狱?"阿凡提回答:"按理说,你应该进入天堂,天堂是无罪之人进去的地方。但是,你杀的无罪的人现在把天堂挤得水泄不通,已经没有了你的位置。所以,你只好去地狱了。"这就是《地狱的宝座》的故事。阿凡提可谓是杀人不见血,骂人不带脏字。他字字温柔,句句委婉,却把国王的残暴和罪恶展现得淋漓尽致。估计国

阿凡提的动画形象

王已经被他气得够呛,可是又能怎么办呢?毕竟阿凡提并没有明目张胆地欺君犯上。

不过,这次的仇国王算是记下了。心胸狭窄的国王一直想逮个机会报复阿凡提,还真巧,一转眼时机就来了:国王和大臣外出打猎,带上阿凡提一同前往。天气炎热,国王和大臣将衣衫脱下,全都搭在阿凡提的肩上。阿凡提本来也很热,再加上身上添有国王和大臣的衣衫,就更是汗流浃背。国王见阿凡提这个狼狈样,就故意捉弄他说:"你真是可以,能驮一头驴驮的重量。"阿凡提立马回应道:"不,我身上担得可是两头驴的东西。"国王本想戏弄一下阿凡提,没想到反倒又被阿凡提给嘲弄了一番。阿凡提敏捷的思维,锋利的言辞真是让人佩服得五体投地!

阿凡提疾恶如仇,爱憎分明,对于社会上的不良风气、不良人物也要

嘲讽挖苦一番。例如《给外套吃》，就是讽刺了我们在生活中能够经常遇到的那类势利眼之人。阿凡提赴宴，因衣服破旧，被赶了出来。于是，他另换了一件华丽盛装，结果被热情款待。当美味的菜肴端上桌时，他自己一口不吃，把饭菜全都倒在了衣服上。主人不解，责怪阿凡提。阿凡提却不慌不忙地辩解道："不是你让我这么做的吗？你根本就不是请我吃饭，而是请我的衣服吃饭。"阿凡提的行为令人捧腹大笑，但不得不承认这是对这种只认衣服不认人的势利小人的最好讽刺。

阿凡提的确很聪明，但有时他的太过自以为是，也让自己闹出了不少笑话。例如《打油》：阿凡提去打油，他嫌碗小，就故作聪明地将碗反过来，把油装在碗底里。回到家，他老婆问他为什么只有这点油，他再一次把碗翻过来说："这一面还有。"

动画片《阿凡提》剧照

结果，就连碗底仅剩的那点油也没有了。阿凡提真是聪明一世，糊涂一时啊！没想到用自己的那点小聪明，却办了一件让人哭笑不得、因小失大的蠢事。

在阿凡提系列的故事中，阿凡提将自己作为嘲讽对象的笑话还有很多。例如《是非》中，他自己在里面扮演了一位墙头草两边倒，没有一点原则的老好人；再例如《捞月亮》中，杞人忧天的阿凡提真以为月亮掉到了井底，更可笑的是，还自以为天上的月亮就是被他亲手打捞上来的。

人无完人，阿凡提也是一个普通人。他做的这些傻事并不会影响他在人们心目中的形象，反而会越发让人感到亲切，感到平易近人。他虽是一位智人，但不是一名圣人。阿凡提犯的那些错误，反而拉近了他与群众之间的距离。

　　除了这位维吾尔族的阿凡提大叔外，少数民族中还有很多机智人物，例如蒙古族的巴拉根仓、布依族的甲金、苗族的反江山等。巴拉根仓的机智非常有名，人们都说"王爷的牛羊最多，巴拉根仓的智慧最多。"他可以让"财主摔锅"，让"王爷下轿"，以至于大胆到把王爷摔下马，他却可以理直气壮地不理不问。

　　这些"阿凡提式的人物"虽然社会地位低下，但是他们敢于站出来与强大的恶势力作斗争，用非凡的智慧和锐利的语言为老百姓喊冤叫屈，主持正义。这些人物一出场，便能引来人们的笑声。在笑声中，我们的情感得到净化，道德得到提升。由此，笑话也就达到了它本身的意图。

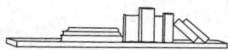

中国民间文学入门寻味

第六章

美妙的天籁之音

——民间歌谣

一 劳动呼喊

试想船夫们在协力劳动时，只有"1、2、3……"的口号声是不是显得太过单调。如果富有节奏的歌谣能够为他们鼓劲呐喊，有时劳动未尝不是一种享受。

劳动歌谣就这样自然而然地产生了。

劳动歌谣在所有的民间歌谣中是产生最早的一种，它可以说是一个源头，引领了一切诗歌。劳动歌谣伴随着劳动的强度，不断变换其节奏，与劳动行为相得益彰，它可以协调劳动动作，鼓舞劳动人民。《诗经》中就有很多关于劳动歌的优秀作品，例如《芣苢》，它再现了古代妇女采集芣苢这种植物时生动活泼的场面："采采芣苢，薄言采之。采采芣苢，薄言有之。"轻快的节奏中，透露出妇女们在劳动时的欢乐。劳动虽然很辛苦，但是苦中作乐，也不失为一件幸福之事。

在田间地头干活的劳动人民大都文化程度较低，他们在抒发自己感情时，不可能像作家、诗人那般文绉绉地讲话。于是，"唱歌"，用歌声展露内心，便成了他们最直接、最自然、最本性的一种表达方式。田歌、船歌、打鱼歌、赶马歌、放牧歌、狩猎歌、采茶歌、插秧歌、搬运歌……不同的劳动拥有不同的劳动歌谣。

在很多少数民族地区，流传着一种叫做"薅草锣鼓"的民间音乐形式。这是农民们在田间薅草时，旁人用锣鼓为其鼓舞干劲的一种方式。每年夏季，气候炎热，雨量充足，田中杂草迅猛生长，这种把杂草除掉的劳动就叫做"薅草"，表演"锣鼓"的团队只有两个人，一人敲锣，一人打鼓。锣鼓声浑厚深沉，气势磅礴；歌词通俗易懂，生动形象："薅草淋粪要努力，三薅三淋要认真。只要样样做得好，谷神爷爷看得到。"

薅草锣鼓

敲锣击鼓的两人作为领唱，薅草的众人配合着锣鼓声而吼唱，柔中带刚，氛围热烈。"薅草锣鼓"，传说是人们为了驱赶糟蹋庄稼的害虫，在田间敲锣打鼓吆喝，后来逐渐演变成了唱打闹歌，也就是现在的"薅草锣鼓"。

顶着烈日，众人薅草，可以想象得出条件的艰苦与劳动的艰辛，而"薅草锣鼓"不仅能够提高薅草的效率，更重要的是，美妙的锣鼓声能够让劳动者减少些疲惫，想到轻松和愉悦。

田地里劳作不容易，江河里干活更艰难。

巴渝境内，山势险恶；川江流域，水势凶猛。这里的物流历来不太畅通，尤其是过去，交通条件更是不便。物流的运输，客运的往来，都要依靠木船。为了统一船工们的动作，"川江号子"应运而生——这是由一人领唱，众人合唱的一种歌唱形式。

川江霸道有力，野性十足，能够卷起千层巨大波浪。无论严寒还是酷暑，纤夫们裸着黝黑的脊梁，将粗大的纤绳紧紧束缚在古铜色的胸膛

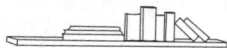

上。他们一边在岩石上、沙滩中艰难行走，一边喊着豪迈、激越、高亢的川江号子。一路行走，他们流出了劳累的汗水，留下了坚实的足迹。这种特殊的劳动方式，再配上独特的音乐曲调，让人看到、听到，不禁潸然泪下。

川江号子在船工中形成

川江号子的种类很多，有离开岸边、靠近岸边的《斑鸠号子》，也有岸上拉纤的《拉纤号子》，还有下水摇橹的《橹号子》等。另外，其唱词颇为丰富，以历史、人文、物产、地名等进行编创，还有一些号子具有即兴性，常用"呦、嗨、嘿、嗨嗬、难个拉呦"等衬词。当劳动强度增大或是动作加快时，歌谣的音乐节奏也随之增强或加快，变得紧凑。

川江号子有着独特的魅力，它铿锵有力的吼声怒，吼出了纤夫们那不屈不挠的气概与精神。

二　反抗口号

民间歌谣就像是一面镜子，透过它可照出民意，看出人的丑美善恶，看出百姓的人心所向。

旧社会,劳动人民通过歌谣表达对统治阶级的不满。如此一来,歌谣成了百姓反抗黑暗罪恶势力的重要工具之一。例如,对于吝啬的财主,歌谣这样唱道:

富裕人家吃顿饭,
关前门,关后门,
只有窗户没有关,
苍蝇抢去一粒米,
一直赶到月亮山。

歌谣运用夸张的手法,让人对大财主那种吝啬小气的模样忍俊不禁,也把当时那种"朱门酒肉臭,路有冻死骨"的现实状况反映了出来。诸如此类短小活泼、灵活精悍的民间歌谣,老百姓顺口就可以编出来,并将其传遍大街小巷。下面这首歌谣就如此:

年头一过正月中,缺吃少穿两手空,走投无路没处去,央人担保做长工。

长工累到二月中,破衫褴褛收收拢,娘子小孩都在哭,硬着头皮离家中。

长工累到三月中,清明时节雨沥沥,日思夜想家中人,眼泪汪汪落在胸。

长工累到四月中,手拿铁锄在田中,日子长来肚子饿,不敢抬头看烟囱。

长工累到五月中,耘稻耕田胳膊痛,虫蚊咬得真难受,跪在田里似蒸笼。

长工累到六月中,烈日炎炎实在凶,皮肤晒得黑黝黝,夜里无帐喂蚊虫。

长工累到七月中,秋长季节仍无空,挑水做饭样样干,洗衣缝补做

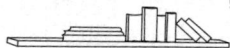

女工。

长工累到八月中，东家娘娘手段凶，过节小菜无我份，碗头碗底给长工。

长工累到九月中，割稻捆稻在田中，腰酸背疼眼睛肿，还说长工磨洋工。

长工累到十月中，推磨打米强劳动，白天做了不算数，晚上做了不当工。

长工累到十一月，敲冰淘米在河中，十指冻得红通通，眼泪水淘饭送进肚。

长工累到十二月，锄头交给老相公，今年吃糟糠面饭，来年饿煞也不再做长工。

这是一首《长工谣》，短短几行便将长工一年十二个月的生活真实生动地展现出来。长工是指在旧时整年受地主雇用的穷苦农民，他们为了表现自己的生活境况，抒发自己的思想感情，用这种口口相传的方式编唱着属于自己的歌谣。长工们一年到头整日受着豪强地主的欺凌压迫，透过《长工谣》，我们同情长工生活的不易，憎恶地主的为富不仁……

劳动歌谣赐予了劳动人民劳作的力量，战斗歌谣则给予了战士们战斗的士气。

抗联兵，钢铁汉，赛过真金火里炼，枪林弹雨不低头，忍饥受冻也抗战。

这是抗日战争时期，鼓舞军民抗战，增强军民斗志的歌谣。简简单单的几句话就表现出了中国军民不畏艰难困苦，顽强不屈的斗争意志。当时，人们饥肠辘辘，物质条件极差，小米加步枪就是士兵的一切。可以说，很多时候战士们都是靠着歌谣的鼓舞渡过难关，取得胜利的。大多数的战斗歌谣是可歌可泣的,它们充实了军民们的精神世界,为军民们摇旗呐喊,助威加油。

老子本姓天,家住洪湖边,有人来抓我,除非是神仙。

一首《老子本姓天》,让战士们在血雨腥风的白色恐怖中坚定了作战的信念,充满了必胜的信心。"老子",英雄好汉的自称;"姓天",神圣而大气。这首革命歌谣霸气十足,展示了顶天立地的英雄气概。除此之外,在工人阶级中间,也有流行的歌谣,例如《天不怕,地不怕》:"拼着一个死,敢把皇帝拉下马……拆下骨,当武器,不胜利,不放下。"决绝的语句,表现了1927年上海工人武装起义时工人的毅力和意志。

三 礼仪歌唱

立春春打六九头,雨水春雨贵如油,惊蛰天暖地气开,春分风多雨水少……

从古至今,农民们就是靠着"二十四节气"的农事歌平整土地,插秧种田,除草浇水,等待丰收。

老百姓总是将经常发生在身边的农事、农情、礼仪、习俗通过歌谣一代代地将其传而颂之。除了像"二十四节气"的"节令歌"外,还有婚嫁喜事的"婚俗歌",丧葬祭拜的"祭祀歌"等等。尤其是在少数民族地区,哭嫁歌、喜歌、酒歌、挽歌等更是丰富精彩。

苗族是个能歌善舞、注重礼节的民族。每遇逢年过节、婚丧嫁娶,都少不了要歌唱。苗族"礼俗歌"内容相当丰富,饱含真情实感:亲朋聚会,唱《祝福歌》;亲家见面,唱《贺亲客歌》;斗牛比赛,唱《斗牛来由歌》……这些歌谣以传统风俗为主要内容,进行描写、叙述或抒情,反映出苗族的人伦关系和社会生活。

一条路,一座桥,人人都走这条路,人人都过这座桥。男婚女嫁自古有,莫让眼泪泪枉自抛……

这是苗族"礼俗歌"中的《伴嫁歌》。歌谣开头安慰新娘不要心焦,接着劝慰新娘出嫁是喜事,伤心难过要不得;最后祝福新娘日子幸福美满,甜甜蜜蜜。一句"莫让眼泪泪枉自抛",将姑娘不舍得出嫁,不舍得离开家人的惆怅心情演绎了出来,可见其情之深,其意之绵。

"斗牛",是苗族人民最为重要的活动之一,也是他们的一种传统习俗。苗族"礼俗歌"中的《斗牛来由歌》将苗人们钟爱斗牛的根源叙述了一番:很久以前,外族侵犯苗家村寨,苗人们"老少齐动员,保卫我家园"。苗王想尽一切办法与敌人周旋,"牛群打前线,扰乱敌阵线"。苗

斗牛图

家用这一计,最终大获全胜。当时,分有东西两家苗家兵,都是牛群冲在先。在战后论功行赏之时,不知"奖赏归哪边",只好用斗牛的方式进行决定。于是,"从此兴斗牛,风习世代传"。寓教于乐,《斗牛来由歌》用众人喜爱的歌谣形式将苗族勇于反抗、保卫村寨的斗争精神反映了出来。歌谣勾勒了苗王智勇双全的形象,描绘了苗兵们勇敢善战的形象。从中不仅可以了解苗家的风俗传统,更可以感受苗家人的民族士气、志气和勇气。

少数民族的人们不仅会唱歌,爱唱歌,而且善于作歌。侗家同苗家相差无几,也是有什么样的礼俗,就有什么样的礼俗歌:正月的元宵歌,三月的清明歌,六月的吃新歌,腊月的过年歌;上梁造屋有建房歌,表达

情感有相思歌、相会歌、失恋歌等。

侗族地区,男女青年通过"行歌坐月"找到意中人。但是,婚姻却不能自己做主,尤其是在过去,受着"父母之命,媒妁之言"的强烈约束。在姑娘出嫁时,就会请不能和她成亲的过去的男友来以歌伴嫁,以此告别即将逝去的少女生活,表达"有情人难成眷属"的惋惜凄凉之情。

男:我妹明天要出嫁,才来妹家走一场。
女:开门见得我哥来,笑在眉头喜在怀。

这就是侗家的《伴嫁歌》,与苗家《伴嫁歌》不同的是,它是男女合作,搭配而唱。侗家人唱伴嫁歌的风俗由来已久,其内容伴随着整个伴嫁过程,包括开门歌、讨烟谢茶歌、酒歌、劝歌、送别歌等。值得一提的是,唱歌者往往触景生情,联想到自己的情感经历,有时会声泪俱下,十分感人。"事到临头恩爱恋人也要分,好花难敌霜降水……"有些歌词是述说心中的苦闷和忧愁,以此表达对封建婚姻制度的强烈不满。

四 百姓呐喊

民间歌谣,反映了百姓的心声,是人们内心最深处的呐喊。遭受封建统治者压迫的穷苦老百姓通过歌谣展现自己的悲惨世界和苦闷生活,诸如此类的生活歌谣,最流行的就是农民苦歌、工人苦歌、妇女苦歌等。

旧中国长夜漫漫,民不聊生,农奴们过着牛马不如的生活。远在先秦时期的《诗经》中,就有反映劳动人民受剥削、受压迫的诗歌。例如《硕鼠》:"硕鼠硕鼠,无食我黍! 三岁贯汝,莫我肯顾。"意思就是说"大老鼠啊大老鼠,不要吃我种的粮食! 那么多年辛苦养着你,我的生活你却不肯照顾。"在这里,人们将统治者比喻成贪吃的硕鼠,吞食农民的劳动果实。可恨的硕鼠却并无一丝感念之心,反而对农民变本加厉,狠狠剥削。一首《硕鼠》,道出了农奴们的痛苦,写出了农奴们的反抗。

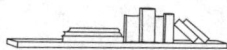

中国的封建社会,统治阶级对百姓重重镇压,毫不留情,农民的生活悲惨贫苦:

泥瓦匠,住草房;纺织娘,没衣裳;种田的,吃米糠;炒菜的,只闻香……

精炼的语言,形象生动地刻画了统治阶级"吸血鬼"的形象。语言虽然朴素、简单,但是力量却是强大无比,震慑人心。

由于工人和农民的生活境遇很是一致,因此,工人苦歌和农民苦歌的反抗精神是一样的。

太阳出来红彤彤,当穷为苦是矿工,三年挣得两毛钱,腰杆弯成一张弓。

这是反映矿工们生活境况的歌谣。一句歌词,道出了矿工们的无奈与艰辛。矿工的工作环境极差,风险极大,简直就是触目惊心,像极了人间地狱,"吃着阳间饭,干着阴间活"。不要说旧社会,就是现在,很多老板也是昧着良心,用矿工的生命作为赌注,自己却发迹暴富。

在旧社会,如果说男劳力位于社会最底层,那女苦工更是过着悲惨的生活。"吃的饭,冷馍馍;穿的衣,破烂烂;晚上睡觉还没得个狗安身!"她们吃不饱穿不暖,有时还要忍受打骂。于是,她们用泪水进行控诉,汇成了一首首的妇女苦歌。

爸妈心最狠,用我换来一斗酒,再美的酒总有喝完时,却叫我受一辈子的苦。

这是一首在藏族妇女间流传的歌谣。封建制度下的婚姻,哪由得自己做主?妇女们从来不被当做人来看待,常常是作为货物卖来卖去。在姑娘们结婚前"不知丈夫是美丑,不知耳聋是眼瞎"是常有之事。要说对妇女们最痛苦的事,莫过于"裹小脚"。"小脚一双,眼泪一缸",这不仅使妇女身体备受折磨,心灵创伤更是常人难以体会。

妇女歌,总是以抒情的形式,一唱三叹地展现了妇女们的苦难生活,她们势必要将激愤和抗议进行到底。忍无可忍的妇女们再也不想听从命运的摆布,自己的幸福终归是要靠自己争取。例如:"人家丈夫像条龙,我家丈夫像条虫;哪月哪日毛虫死,斑鸠跳出画眉笼。"类似带有这种火药味的歌谣有着强烈的战斗性,带领妇女们开辟出一条幸福之路。

五　童谣回味

在民间歌谣中,还有一类以简洁生动的韵律深得儿童喜爱的儿童歌谣。这类歌谣有儿童自己创作的,也有成人专为儿童吟诵而创作的。它们都很符合儿童的理解能力,符合儿童的心理需求,适合儿童的欣赏趣味。

在儿童歌谣里,有一类叫做游戏儿歌,这是每个人从呱呱坠地时起最早听到的歌谣。它总是陪在我们左右,伴着我们成长。一般,唱这种歌谣时,还配有相应的动作,边做动作边唱歌,更能增加歌谣的趣味性。例如《拉大锯》:

拉锯,送锯;你来,我去;拉一把,送一把……

可以想象一下,大人与孩子相对而坐,互相拉着手,根据儿歌的内容,模仿拉锯的动作,你来我往,享受着天伦之乐,是怎样一幅其乐融融的幸福画面!

除了游戏儿歌,还有起到教育儿童作用的教诲儿歌,这类儿歌是真正起到了寓教于乐的效果。

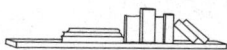

排排坐,吃果果,你一个,我一个,弟弟睡觉留一个。

家喻户晓的这首歌谣,教育过一代又一代的孩子们。它朴素简洁,正好与孩子那内心的纯洁相吻合,很容易激起小朋友的兴趣,轻而易举地便能将互助团结、关心他人的道理传授给孩子们。笑中成长,孩子幸福,家长也高兴。

除了欢乐轻松的儿童歌谣以外,沉重悲痛的儿歌也有很多,例如《小白菜》,这应该是大家再熟悉不过的一首儿歌:

小白菜呀,点点黄啊,三四岁啊,死了娘啊,死了亲娘,不好过啊,就怕爹爹,娶后娘啊,娶了后娘,三年整啊,生个弟弟,比我强啊……想亲娘啊,想亲娘啊,亲娘想我,一阵风啊,我想亲娘,在梦中啊。

《小白菜》反映了后娘的心狠歹毒,每次唱起,想到那饱受伤害的幼小心灵,人们都会感到无比的心酸。除此之外,还有反映童工的歌谣更是让人潸然泪下:"小小童工挨皮鞭,皮开肉绽血淋淋。"旧社会儿童所遭受的境遇,是现在很多孩子所不能想象、难以理解的。

六 脉脉情歌

情歌,可以说是民间歌谣的重头戏之一。它响彻于大川山谷,回荡于平原田间,主要抒发相爱男女悲欢离合的思想感情。它的作品之丰富,感情之充沛,足以打动人心,让人念念不忘,回味无穷。从古至今,人们对爱情的追求从未间断过,因此,情歌也从未停唱过。情歌正是表达了有情人对纯洁、高尚爱情的向往与执著。爱情是对美好的向往,爱情的甜美味道只有有情人才能体会得出,情歌的唯美浪漫也只有有情人才能聆听得到。

静女其姝,俟我于城隅。爱而不见,搔首踟蹰。

　　这是《诗经》中的《静女》,其生动地再现了男女幽会的情景:美丽的姑娘约我到城头。但故意躲藏,让我来寻找,真是令我不知所措,徘徊踟蹰啊!诗歌格调清新亮丽,青春气息浓厚,男子开始的欣喜若狂到女子后来的"捉迷藏",展现了恋人约会时的情趣。

　　《诗经》中还有一首十分著名的情歌《蒹葭》:

　　蒹葭苍苍,白露为霜。所谓伊人,在水一方。溯洄从之,道阻且长。溯游从之,宛在水中央。

生长在水边的蒹葭

　　我日日思念的人啊,就在河水的那一边。我奋力去追寻,她就像是在水中央。这种若即若离,可望而不可即的境况,更是加重了诗人的惆怅思念之情。求而不得,应该算是人间最痛苦的事之一吧。《蒹葭》朦胧凄凉,韵味十足,读来令人思绪万千,怅然若失。

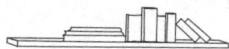

另外，在情歌歌谣中，有很多都是歌唱劳动中的爱情：

妹妹生来农家女，一心要嫁种田郎。

情歌挑担快如飞，情妹挑担紧紧追，就是飞进云朵里，也要拼命追上你。

……

劳动人民最讨厌花里胡哨、表里不一、虚假客套，他们对待爱情亦是如此。青年男女都是有情有义，抱着坚定诚笃的心意，想要寻找一位能和自己共同吃苦享福、并肩劳动、相扶相伴的意中人。"我爱哥哥庄稼汉，哥哥爱我会当家"，勤劳、朴素、善良，就是劳动青年男女选择意中人的标准。他们从不奢望浮华的生活，也不羡慕光鲜亮丽的外表，只是追求平淡的日子，一辈子携手到老。

可是世间之事，哪能事事顺心，尤其是婚姻大事，在封建社会里，岂能容自己做主？不是受到父母的干涉，就是遭到地主的迫害，中国版"罗密欧与茱丽叶"的爱情悲剧时常上演。有很多青年男女誓死反抗，与万恶的封建势力进行不屈不挠的斗争。他们用歌声唱出了自己与恋人誓死在一起的痴心与决心。请听《乐府》中的《上邪》：

我欲与君相知，长命无绝衰。山无陵，江水为竭，冬雷震震，夏雨雪，天地合，乃敢与君绝！

每次读到这首诗，总觉得它有种强大的气场和惊心动魄的力量。我想，人们在与强大势力进行斗争时，难免会苦闷，有过那么一瞬间，可能会想要放弃。但是，一句"山无陵，天地合，乃敢与君绝"，会让动摇的心坚定下来，为了自己的幸福继续努力。除非高山永逝不见，除非天地聚合一起，我才敢放弃你，放弃你我之间的情谊。这是痴情女子对于爱人的誓言，更是对于感情的坚定。

那个年代,没有滚烫的情书,没有炽热的短信,有的只是那极其朴素自然贴心的家常话。"鞋子烂了对妹讲,做双鞋子哥来换",这里没有你侬我侬,没有眉来眼去,暗送秋波,但它却是不说爱而爱真,不谈情而情深。

从两个人相识、相知、相爱到结婚的各个阶段都有情歌相伴,当然,离别、相思、分手、痛苦、抗争等各种处境也都有情歌的陪伴。有表现万分想念的"三天不见哥哥面,口含糖果也不甜";有展现女子美丽,男子对其一往情深的"妹妹模样白又白,胜似天上落的雪;我是太阳高高挂,看你融得融不得";有诉说相思之苦的"想你想你很想你,找个画匠来画你,将你画在眼珠上,看到哪里都是你";有相濡以沫,互相鼓励的"妹挑千斤不觉累,哥在泥里不知凉";还有缠绵悱恻、至死不渝的"树死藤生缠到死,树生藤死死也缠"。

七 地方民歌

民间歌谣众多,不仅内容丰富,而且形式多样。中国地域辽阔,不同的地域环境就会产生不同的文化传统,不同的文化背景又会造就不同风格、各具特色的民间歌谣。

> 青线线那个蓝线线,蓝格英英的彩,生下一个兰花花,实实的爱死人……正月里那个说媒,二月里订,三月里交大钱,四月里迎……

以上便是陕北"信天游"中最有名的调子《兰花花》。聪慧可人的姑娘兰花花,被强行出嫁。但兰花花不屈从于命运的安排,她就是拼上性命,也要逃离不幸,追求光明。《兰花花》优美有力,成功地塑造了一位封建时期敢爱敢恨的美丽女性形象。

信天游,是一种流传于陕北、宁夏等地的民间歌谣,其韵律无拘无束,自由活泼。歌唱者可以随意把握,随唱随停,没有固定套路。信天游

有叙事也有抒情，将艰辛的生活与丰富的感情演唱得淋漓尽致。它始终根植于西北的土壤中，是一部深深刻在黄土高坡上的传世著作。信天游带有浓厚的西北风，见证了西北的发展，陪伴着西北人民一步步走向幸福的道路。

在我国西北，除了"信天游"外，还有一种历史悠久、流传地域广阔的民谣形式——"花儿"。仅看名字，它就给人一种赏心悦

以"信天游"为题材的剪纸

目的美感。之所以称为"花儿"，说法不一，有人说是因为它多歌唱感情，并以各种鲜花作衬托，而且只能在野外演唱，犹如野花一样开遍山头；也有种解释是说因为女子在歌词中都被比喻成花儿，因此而得名。"花儿"根据句式、长短等分为两大流派，一是河湟花儿；一是洮岷花儿。它们虽然"长相"有些不同，但内涵却极为相似：曲调高昂，旋律优美，情意绵绵，深得人们的喜爱。老百姓们无论是田间劳作，还是山上放牧，得空儿就会哼上几句"花儿"。每年的夏季，青海都会举办"花儿会"，成千上万的人们边走边唱，情景蔚为壮观。

"花中之王"牡丹，雍容华贵，富丽堂皇，深受国人追捧。"花儿"的歌唱者"情人眼中出西施"，将自己的恋人喻为"刚刚盛开的牡丹花"，从里到外到处透着那娇羞和柔美，浪漫的情调中流露着极大的赞赏：

拔草的尕妹妹坐田坎，活像似才开的牡丹。

我们把眼光稍微转移一下,看看内蒙古,听听他们的"爬山歌":

> 哥哥你走西口,小妹妹我实在难留,
> 手拉着哥哥的手,送哥送到大门口。
> ……
> 紧紧地拉着哥哥的袖,汪汪的泪水肚里流。
> 只恨妹妹我不能跟你一起走,
> 只盼你哥哥早回家门口。
> ……

　　一曲《走西口》唱出了新中国成立前内蒙古和山西的一些老百姓受苦受穷,被迫在外流浪,有家不能回的悲惨生活。这首歌谣有着广泛的群众基础,几乎人人都会唱。

　　"爬山歌"的乡土气息十分浓重,"打碗碗花开就地红,为啥他富咱们穷?"为了使其内容更加丰富,"爬山歌"还经常把一些歌谣串起来演唱,这便与"信天游"有着异曲同工之妙。

　　另外,在民间歌谣里,还存有一种并不属于某一特定地区的民歌形式——小调。小调传唱于大街小巷、市井集市,只要具有一定格调或曲调的地方民歌都可以叫做小调,例如云南的《绣荷包》、山西的《逃难》等。很多地方还有属于本地特色的小调,诸如:甘肃的"刮地风"——"正月里来是新春呀,青草芽儿往上升,哎嘿呦……";安徽的"凤阳花鼓"——"说凤阳,道凤阳,凤阳本是好地方,自从出了朱皇帝,十年倒有九年荒……";山东的"沂蒙山小调"——"人人那个都说哎,沂蒙山好,沂蒙那个山上哎,好风光……"

第七章

充满智慧的百姓俗语
——民间谚语、谜语、歇后语

语言是人们相互交流的工具,在语言的长期发展中,形成了很多有着固定意思并能通俗表达的短简语言。如果能够灵活掌握这些语言,并将其运用自如,肯定会收到意想不到的表达效果。

一　民间谚语

最干净的水是泉水,最精炼的话是谚语。

——哈萨克族谚语

《礼记·大学》中写道:"谚,俗语也。"谚语,是俗语的一种。它言简意赅,由百姓创作并为百姓所用。毛泽东曾在《反对党八股》一文中号召大家向人民群众学习语言,而谚语正是"人民群众的语言"。古往今来,有多少圣人贤臣之话、帝王将相之说、伟人学者之词都被人们抛在脑后忘却了,但有一些出自芸芸众生、平民百姓之口的俗语一直绵绵千载,代代相传。

且先不说中国人,就是外国人,他们无论闲谈还是写作,还总爱夹杂几句谚语,尤其喜欢引用中国谚语。在一次有关教育问题的国际研讨会上曾经发生了这么一个有趣的小故事：一位外国代表想卖弄一下自己的学识，便发言道："中国有句谚语说得好：你如果为未来几个月担忧，就应该去种粮；你如果为未来几年担忧，就应该去种树；你如果为未来几世纪而担忧，那么就应该去好好教育下一代。"这么冗长的句子，怎么会是中国谚语？这位发言人不知道原汁原味的中国谚语仅用八个字就能将这三句话的意思表达清楚，即：十年树木，百年树人。怎么样，这下见识到中国谚语的魅力了吧！

我国谚语历史悠久，早在两三千年前谚语就已经在民间出现。例如《诗经》中的"一日不见，如三秋兮"、"人之多言，亦可畏也"这样的句子。另外，还有相传为尧时的谚语"日出而作，日落而息"，《易经》中的"失之毫厘，谬以千里"，《韩非子》中的"远水不救近火"等，这些都是久为流传的民间谚语，一直沿用至今。

谚语包罗万象，有政治谚语、劳动谚语、生活谚语、道德谚语等等。

传说，汉朝淮南王刘安潜心学道，感动了上天，于是得到了炼仙丹的技术，他就又开始安心炼丹。功夫不负有心人，历经磨难后，他终于将仙丹炼成。他即刻吞下仙丹，升上了天。与此同时，他家的鸡啊、狗啊也都过来把炼丹剩下的碎末给吃了，竟然也变成了仙鸡、仙狗，一同跟到天上去了。这就是谚语"一人得道，鸡犬升天"的典故。

百姓们在自己的谚语中积累了极为丰富的经验：有强调领导人重要性的"船载千斤，掌舵一人"、"千军易得，一将难求"、"蛇无头不走，鸟无头不飞"；有说明团结就是力量的"兄弟同心，其利断金"、"树帮树成行，人帮人成王"、"众人拾柴火焰高"；有告知不能怜惜恶人，要除恶必尽的"放虎归山留后患"、"在菜园里不能相信羊，在羊圈里不能相信狼"、"对饥饿的老虎不要麻痹，对冬眠的毒蛇莫要可怜"。

以上是劳动人民的对敌策略，除此之外，还有生活智慧同大家分享。有赞扬勤劳巧干、勤俭持家的"勤能补拙，俭能养廉"、"勤是摇钱树，俭是聚宝盆"、"不是靠天吃饭，全靠两手动弹"、"花开满树红，劳动最光荣"；有鼓励人们刻苦学习、勤奋向上的"活到老，学到老"、"水不流，会

发臭;人不学,会落后""要得惊人艺,须下苦功夫""青年饱经忧患,老来不畏风霜";有对子孙后代进行道德教育的"天凭日月人凭心""宁做泥里藕,不做水上萍""宁愿站着死,不愿跪着生""常在河边走,贵在不湿鞋";有表现生活中辩证法的"分久必合,合久必分""智者千虑,必有一失;愚者千虑,必有一得""打死会拳的,淹死会水的""故人不见今时月,今月曾经照古人";有教人看天的"早上朵朵云,下午晒死人""久晴大雾必阴,久雨大雾必晴""烟灶往下埋,不久雨就来""正月寒,二月温,正好时候三月春;暖四月,燥五月,热六月,沤七月,不冷不热是八月;九月凉,十月冷,寒冬腊月冻冰霜"。

谚语音韵和谐,形象生动。如果在实际工作中能适当加入些谚语,岂不是可以获得事半功倍的效果!毛泽东就常将大道理借谚语表达出来,例如在《论持久战》中用"留着青山在,不怕没柴烧"说明休养生息以待时机的重要性;又以"路遥知马力,日久见人心"说明在持久战中游击战的威力。

由于谚语数量庞大,内容丰富,因此在流传过程中,难免会出现讹传的现象。例如,"无毒不丈夫"。这一谚语现已成为很多人办事的准则,要想成就大业必须心狠手辣。殊不知,它的原版实为"无度不丈夫,量小非君子"。一字之差,大异其趣。只因字音相同,声调不同,却贻害无穷,不免让人为之惋惜。

谚语,不仅常被百姓们拿来引用,就是高雅的文学创作也离不开它。伟大的作家往往从谚语中汲取必要的养分,用以灌溉自己的作

曹雪芹塑像

品,使之永葆青春。例如,曹雪芹和他的《红楼梦》就是如此。曹雪芹的晚年生活在北京西郊,他在那里接触到各式各样的下层劳动人民,吸收了大量流传于民间的谚语,并将其运用到《红楼梦》中。曹雪芹善用谚语的能力令人叫绝,在我国古典小说中,他的《红楼梦》在谚语运用上取得的成就是首屈一指的。纵观《红楼梦》中的谚语,有五字谚、六字谚、七字谚……有讽喻统治阶级黑暗的、有描写家族争斗的、有揭示人物性格的……有比喻谚、对偶谚、对比谚……

《红楼梦》邮票

　　《红楼梦》中的谚语具有鲜明的斗争性,无情地抨击了上层封建统治阶级的丑恶与凶狠。揭露他们荒淫无耻的有贾蔷"斗鸡走狗,赏花阅柳"、贾琏"吃着碗里的,看着锅里的"、贾瑞"癞蛤蟆想吃天鹅肉";揭示他们阴险毒辣的有"明是一盆火,暗是一把刀"、"上头笑着,底下就使绊子"、"嘴甜心苦,两面三刀";还有说明他们好逸恶劳的"癞狗扶不上墙"、"衣来伸手,饭来张口"。另外,曹雪芹仅用四句谚语就将贾、王、史、薛四大家族的势力、富豪奢侈展现得清清楚楚:"假(贾)不假,白玉为堂金作马";"阿房宫,三百里,住不下金陵一个史";"东海缺少白玉床,龙王来请金陵王";"丰年好大雪(薛),珍珠如土金如铁"。刘姥姥想问荣国府借些银子,王熙凤则用"大有大的难处"委婉拒绝,没想到刘姥

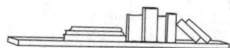

姥竟以"瘦死的骆驼比马大"迅速回应。两个人都没将自己的想法直说,但意思全表达出来了。还有,王夫人用"嫁鸡随鸡,嫁狗随狗"、"嫁出去的女儿,泼出去的水"两句谚语劝慰回娘家诉苦哭泣的迎春,这种带有"男尊女卑"、"三从四德"思想的谚语出自于像王夫人这样一位封建家长式人物之口再适合不过了。

书中还有针对下层各色侍从者们的谚语。为了攀进贾府,比宝玉还大几岁的贾芸竟要认宝玉作父亲,他阿谀奉承道:"摇车里的爷爷,拄拐棍的孙子,虽然年纪大了,但'山高遮不住太阳'。如若宝叔不嫌弃,便认侄儿为儿子。"这里仅用谚语便将那贾芸卑微的奴才相刻画得入木三分。贾蓉也是个爱拍马屁的小人,贾琏费尽心机将尤二姐骗到手,贾蓉讨好地说:"择了日子,人不知鬼不觉地娶了去……见生米做成熟饭,也只得罢了。"当然,仆人们也不净是些"哈巴狗儿",还有很多有骨气之人。小丫鬟司棋与潘又安的恋情浮出水面后,司棋挺身而出,表明了自己的态度——一人做事一人当,而潘又安却吓得连家都不敢回。两人的个性形成鲜明对比。

宝黛的爱情自是《红楼梦》中的重头戏。"凤尾森森,龙吟细细",竹林有着凤尾的韵美,由竹竿做成的笛子中飘出的曲子更是悦耳动听,犹如"龙吟"一般。宝玉正是用这一对竹子的谚语畅想黛玉居住之处竹林的优美惬意。当宝黛两人听到"不是冤家不聚头"这句话时,都若有所思,一个在潇湘馆洒泪,一个在怡红院长吁,真是"人居两地,情发一心"。

我们再看《红楼梦》中那些充满艺术表现手法的谚语,例如,比喻:将反面人物比喻成老鸹、苍蝇——"天下老鸹一般黑"、"苍蝇不叮无缝的蛋";对偶——"与人方便、自己方便"、"丁是丁,卯是卯";对比——"病来如山倒,病去如抽丝"、"一动不如一静";押韵——"不经一事,不长一智"、"见怪不怪,其怪自败"……

分析完《红楼梦》,我们再看看《三国演义》,这里的谚语运用也很有一套。当年,曹操率领百万大军直驱南下,诸葛亮建议刘备与孙权联手抗曹,刘备欣然接受。但是,孙权担忧曹操势力太大,不敢抵抗。诸葛亮仅用了一个谚语便将孙权劝服——"强弩之末,势不能穿鲁缟",意思是强弓射出的箭,到快落地之时也没什么劲了,连鲁国生产的薄绸子也穿不透。这里是说曹操人马虽多,但是长途跋涉来到南方,早已疲惫不堪,战斗力自然就弱了。孙权觉得诸葛亮说得有理,便决定赌上一赌。果不其然,曹操军马抵达后,士兵们水土不服,晕船呕吐,军心涣散。曹操下令将战船连在一起,再搭上木板,就如平地一般,可以缓解晕船的症状。周瑜见状,心生一计,想到火攻。等到一切准备就绪时,才发现疏忽了风向这一致命的问题。寒冬季节,西北风盛行,曹军在北岸,自己在南岸,如果火攻,岂不是烧到自己头上?周瑜一急之下,病倒了。诸葛亮前来看望:"大敌当前,你怎么能生病呢?"周瑜不好意思说出实情,只是回答:"人有旦夕祸福,不知什么时候会生病!"诸葛亮接道:"天有不测风云啊!"周瑜一听,想必诸葛亮已经知道自己的病因,看也瞒不住了,只好一五一十地全都讲了出来。诸葛亮立刻写下"药方":万事俱备,只欠东风。最终,两家联手将曹军打败。这就是家喻户晓的"赤壁之战"。此处,将谚语"天有不测风云,人有旦夕祸福"颠倒顺序分别说出来,很是有趣。尤其是诸葛亮用"天有不测风云"一语中的,道出周瑜心事,更是巧妙。另外,诸葛亮仅用八个大字就制成一副"解药",解开周瑜心结,也足可见诸葛亮的非凡智慧!

二 民间谜语

谜面就像是一层面纱,披在谜底身上,给人一种朦胧之感。谜底之物,若隐若现,其影子一直藏在谜面中,但它犹抱琵琶半遮面,始终不肯浮出水面。如果猜谜者猜中谜底,心中便充满了成就感;也有可能会抓耳挠腮,百思不得其解,但当谜底揭晓的一刻,那种如梦初醒般的感觉会让人回味无穷,意犹未尽……

谜语,历史悠久;猜谜,经久不衰。这一活动早在原始社会就已经产

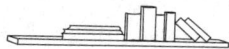

生。不过在当时,猜谜除了用作娱乐游戏、测验人的智慧外,还带有一种占卜与神秘的色彩。希腊神话中的女妖斯芬克斯,总是出谜让人猜,猜得出之人便可做一人之下万人之上的国王,猜不出之人连自己的性命也难保。

在我国,占卜书《周易》中记载了最早的谜语,这是一首十字小诗:

女承筐,无实;士刲羊,无血。

谜面大意为:女子们拿的筐子里没有重量;男子们用刀宰羊,却不见血。这个谜语巧妙含蓄,很难让人猜出谜底——剪羊毛的劳动。

汉代末期,出现了字谜。老百姓凭借着自己的智慧,将讽刺咒骂融进谜语里,堪称巧妙,让人不禁拍案叫绝。

千里草,何青青;十日卜,不得生。

这是一个人名,你能猜得出吗?"千里草"——"董";"十日卜"——"卓",其运用离合法,形成了一组字谜。在字谜中,融入了百姓对残忍凶暴的董卓的仇恨心理。

再看三国时期枭雄曹操与大文学家杨修之间所发生的一个小故事:曹操故意刁难杨修,在门上写了一个"活"字。学识渊博、反应敏捷的杨修随即便叫人把门变宽为窄了,你能猜出其中的缘故吗?给你个温馨小提示:门中一个活,是个什么字?

到了宋朝,猜谜活动十分流行,已然成为百姓们的传统娱乐项目。大街小巷,家家户户,可经常看到猜谜活动的游戏者。宋朝的猜谜活动,常常是在一定的故事背景下进行,例如,在民间流传的苏东坡与苏小妹及其妹夫秦少游互相对谜的故事。一次,秦少游出谜让苏东坡猜:

我有一间房,半间租给转轮王,有时射出一束光,天下邪魔不敢当。

这可难不倒能够制谜还善于猜谜的苏东坡,他听后立马明白了这是什么东西,但假装不知,反而回敬了秦少游一则谜语:

我有一架琴,琴弦藏于腹,任君马上弹,弹尽天下曲。

秦少游本想考考苏东坡,没想到却难倒了自己。他想了很久,也猜不出,只好回家请教猜谜高手苏小妹。苏小妹和苏东坡一样,猜出谜底故意不说,学着大哥的做法,给秦少游出了又一则谜语:

我有一条船,一人摇橹一人牵纤,去时牵纤走,来时摇橹归。

秦少游真是可怜,一则谜语已经够难为他了,这下又来一则。他抓耳挠腮,想破头皮,也不知谜底是何方神物。苏小妹看到丈夫如此为难,只好解开谜团说:"你的便是大哥的,大哥的便是我的,我的就是你的。"秦少游恍然大悟,原来,拐弯抹角,三则谜语的谜底只有一个,全是"墨斗"。所谓"墨斗",是在木、泥、石行业中不可缺少的一种工具,其可以做直线、画直线,还可以蓄墨做记号等等。

冯梦龙雕像

明代冯梦龙将民间谜语进行了收集整理,出版了十分有名的《黄山谜》。中国谜语的佳作妙品很是丰富,历史的沧桑没有将其淹没,反而成就了它现在的灿烂辉煌。

凡提到猜谜,人们就会将它与一个节日联系在一起——元宵节。每逢元宵之夜,大街小巷,人山人海,男女老少都争着抢着出门"猜灯谜"。"猜灯谜",是我国独有的一种娱乐形式,也是元宵节不可或缺的一个重要节目。

"灯谜",由谜语发展而来。每逢元宵佳节,家家户户挂起彩灯,在纸条上写些谜语贴于灯上,故称为"灯谜"。灯谜包罗万象,其内容是上至天文,下至地理。它的难猜程度可与射虎相比,因此人们还将灯谜称为"灯虎",谜面称作"虎皮",谜底叫做"虎骨"。"灯谜"产生于南宋时期,统治者为了给自己论功行赏,歌功颂德,每年都令老百姓们于元宵节当晚张灯结彩,共同庆贺。

此外,在民间还流传着一个关于灯谜由来的故事:相传,有个财主,贪得无厌,整日压榨乡亲,欺凌百姓。一年,元宵节将至,村里有位秀才决定要戏弄一番这个嫌贫爱富的财主。到了元宵节晚上,秀才提着一个又红又大的花灯来到财主门前。这个花灯可与众不同,它的上面贴着一张纸条,引来众人的围观。财主挤上前,看纸条上写着一首诗:

头尖身细白似银,论秤并无半毫分。

眼睛长在屁股上,只认衣服不认人。

财主一看,气得直叫:"竟敢骂老爷!"立马要找家丁打秀才。可是,秀才却不慌不忙,笑嘻嘻地说:"我怎敢骂老爷您呀,这首诗是个谜,其谜底是'针',不是您,您怎么往自己身上扯呢?"财主一看,还真是针,他拿秀才没办法,只能打碎了牙齿往肚子里咽,惹得众人捧腹大笑。这下,秀才可算是为乡亲们出了口气。于是,每年的元宵节,人们都将谜语贴于花灯之上,供人来猜,用来娱乐。

谜语涉及内容广泛,表现形式多样,有字谜、物谜和事谜等。

汉字奥妙,让人费解。字里行间,处处玄机。猜字谜,可以说是一个几千年来中国人与汉字之间从未间断过的游戏。人们利用创造汉字的规律编制谜语,巧妙有趣,其中不仅包含娱乐精神,而且富有知识和内涵。根据文字的偏旁部首、形态意义等创作出的谜语,深得百姓的喜爱。字谜的谜面是含蓄中有生动,隐晦委婉还透着简单明了,十分巧妙。

宋朝鲍照《字谜三首》中的"井"字谜是产生最早的字谜:

二形一体,四支八头,四八一八,飞泉仰流。

"二形一体":两个二为一个"井";"四支八头":四根柱子八个头;"四八一八":四加一是五,五八四十,四个十字还是"井";"飞泉仰流",意拢整首谜语。画中的"井"直观易懂,字谜中的"井"虽晦涩难猜,但更有意思。制谜者用手中的笔绘出了一口别具一格的"井",我们真是不得不佩服古人的智慧。

字谜还有一种神奇的功能:在过去,老百姓们文化程度不高。这时,字谜便大展身手,发挥它的作用,帮助人们识字认字,例如:

一个大人,带四个小人,站在十字路口等人。

根据字形的离合,人们很快就记住了"伞"(繁体为"傘")字的长相。汉字文化博大精深,字谜游戏变幻莫测。字谜正是通过对汉字的离合拆分,展现了汉字本身的结构特点。再如:

一字六竖九横,天下无人不晓。就是去问鲁迅,他也思考三天。(打一字)

想要猜出这一字谜,对"六竖九横"不要随意排列,好好地结构一

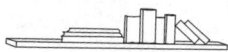

番,谜底就明了了;"三天"即"三日",于是,活生生的一个"晶"字便出来了。

谜面有长有短,长时胜似小诗或歌谣,短时几个字就能组成一个谜面,做到了真正的短小精悍,如:

请勿入口。(打一字)

短短的四个字汇成一字谜语,请"勿"字进入"口"中,即得到一个"囫"字。

还有一类字谜,根据谜面所表达的意义进行猜测,中间要拐几个弯才能得出谜底。如:

织女过鹊桥。(打一字)

这是根据牛郎织女相会的民间传说编制的一则谜语。织女过了鹊桥便能与丈夫牛郎相见,意思是"见夫",将其合而为一即是一个"规"字。

"猜字谜",不一定是要以抽象的文字作为谜面,还可以用生动形象的动作作为谜面让旁人来猜。例如:一次,一个县官故意刁难一位秀才。在吃饭时,他用筷子将鱼头、鱼尾全部扔掉,说:"这是个字谜,打一字。"没想到秀才立马跑到厨房,拿了些糖出来,放到嘴里,说:"甜(田)。"自以为聪明的县官还不罢休,又将羊肉摆在了刚才那条被他掐头去尾的鱼旁边,接着说:"再打一字。"秀才又进入厨房,这次是将味精拿了出来,他取出一粒,放在嘴里,边品边说:"真'鲜'啊!"县官与秀才两个回合的交锋,你看懂了吗?

过去,劳动人民识字率不高,因此,在谜语的三大类中,字谜较少,以物谜和事谜居多。老百姓们奇思妙想,日常生活中所见之物、所碰之事都可以拿来编个谜语。物谜的谜底涉及生活、生产的方方面面,大至宇宙自然、日月星辰，小到细微尘埃、花鸟鱼虫，全可以在物谜的世界里寻找到它们的影子。事谜亦是如此，上至国家大事，下到家庭琐事，都在谜语里出现过。小小的谜语中蕴藏的感情和意义虽然没有女孩的心思那么难以让人猜透，但也够你琢磨一阵了。

我们首先看几个与日常生活密切相关的初级谜语，作为赛前热身，待准备充足，再与充满更高智慧的谜语好好较量。先来猜一件每个人都离不开的东西吧，其谜面是：

有个东西，洗了不净，不洗反而干净。洗了不能吃，不洗反而能吃。

怎么样，第一个物谜难住你了吗？咱先留个悬念，吊吊大家的胃口，不能这么着急就把谜底告诉大家伙儿。带着对这一谜语的思考，再来看一个在人们的生活中同样具有不可替代地位的东西：

东方一朵花，伸藤到西方，花开人劳作，花谢人回家。

"日出而作，日落而息"，几百年来，这就是农民们亘古不变的生活。过去，百姓家里没有钟表，就是靠着这轮带给大家光明的"太阳"生活、劳作。谜语将太阳的朝起暮落比作花儿的盛开凋谢，形象生动。太阳和花儿两种美好的事物结合在一起，呈现给人们一幅充满生机的画面。

一把钥匙开一把锁，最常见的谜语也是一个谜底解一个谜，但也有一种十分有趣的"连环谜"，即一首谜语有几个谜面和谜底。我们不妨尝试着破破这类谜语：

大姐说话先喝水，二姐说话先摘帽，三姐说话先挨刀，四姐说话雪花飘。

四句谜面配有四个谜底，打四个用品。这四位风格迥异的姐妹还真

中国民间文学入门寻味

是与众不同,说话之前分别先要喝水、摘帽、挨刀,最后一位还要弄得雪花漫天飞舞。制谜者运用拟人化的手法将四个用品的特点展现出来,根据这些特征,开动脑筋,发挥想象力,不难猜出谜底:毛笔、钢笔、铅笔和粉笔。这是"笔"的家族,再看"水果"一家:

老大红红火火,老二满肚子水,老三弯着小腰,老四有张笑脸。

对号入座,谜底分别为:苹果、葡萄、香蕉和石榴。

上坡点点头,下坡滑如油,走路独自行,洗脸不梳头。

这是湖北宜昌地区的人们根据四个动物的生活习性编制而成的一组"动物谜",描写得分别是:马、蛇、虎、猫。诸如此类的连环谜还有很多,它们是将具有相似性的同类物品组成一个整体,分别隐现物品的某一个特点,并且还要做到有韵有律,这是十分不容易的。

另外,"矛盾法"是制谜者常用的构造谜语的方法,在谜面中加入一对或是几对尖锐的矛盾,可以为谜语锦上添花。也有可能这对矛盾就是全谜的谜点,你想破头皮也猜不透的那个谜底说不定正是暗藏在这对矛盾之中。如:

一粒谷,填满屋。

微小的一粒谷子与硕大的一间屋子,大小差异简直不可调和,也正是这一矛盾引起人们无限的遐想。这个神奇的东西到底是什么呢?每到停电的时候,你第一时间总能想到它。没错,它就是蜡烛上那根短小的烛芯。其形似一粒小小的谷,但它带来的光亮却能填满整间屋子。在《黄山谜》中,记载着一个明朝的谜语,也很是巧妙。它流传至今,一直为人们津津乐道:

看时有节,摸时无节。两头冰冷,中间火热。

"有"与"无","两头"与"中间","冰"与"火","冷"与"热",短小的一个谜面竟然包含了四对相反之词,歧义相关的矛盾群充满了全谜。"节",节气,历书里可以看到节气,但摸不到;一年 12 个月,冬季的寒冷在两头,夏季的炎热在中间。提示到这里,你应该想到谜底了吧——"年历"。一个接一个的矛盾,让人陷入一次又一次的深思,使我们在娱乐中提高智力,在笑声中获得知识。

麻屋子,红帐子,里面住个白胖子。

想必这则谜语大家再熟悉不过了,老人们剥花生时总爱不停地念叨这谜语。白白胖胖的花生犹如一个大胖小子,它那可人的样子全在谜面里了。与之相反的又黑又小的"瓜子"会被人们拿来怎样编谜呢?

黑船装白米,送到衙门里,衙门一声开,空船返回来。

谜语将"嗑瓜子"这件再平常不过的日常小事编成一则富有深意的谜语,一语道破了封建衙门对百姓剥削压榨的惨境。另外,枣儿的命运也同瓜子相似——"一个娃,穿红衣,衙门口里去洗澡,回得来还是回不来?骨头回来,肉回不来。""醉翁之意不在酒",很多谜语只是将展现事物特点作为快捷通道,其主要是想通过描写事物以达到抒情写意的目的。再如:

上山潇洒浩荡,下山扰乱江海。满朝文武抓不到我,皇帝老儿拿我没辙。

这则谜语以歌谣的形式将"风"的形象生动具体地描绘了出来。当

然,制谜者本意不是写风,而是展现一个英勇豪迈、敢于同统治阶级作斗争的英雄形象。

在前面,提到过产生最早的字谜——"井"。在物谜中,也有对"井"的描述:

底下有一镜,照得出人影,打碎能重圆,天旱可救命。

这是抗日战争时期,为了配合当时抗旱的行动而编制的一则谜语。如果硬巴巴地喊着打井的口号,百姓们的积极性肯定不会太高,而换用猜谜这种巧妙灵活的方式则可以很好地号召百姓一起奋战。不要以为谜语只是供文人雅士玩弄的花瓶,它还拥有着巨大的能量,号召群众一起打井的这首谜语正是其在实际生活、工作中所发挥作用的体现。

在我们的日常生活中时时处处都充满着谜语。还记得一个推销钙片的谜语广告:"乌龟盖了一座新房子住进去——盖中盖;乌龟搬出来将房子拆了又盖一间住进去——新盖中盖;乌龟搬进搬出,拆了盖,盖了拆——巨能盖。"广告的原则就是能够吸引人的目光,这则富有创意的广告可以说是赚足了受众的关注,让人看过之后念念不忘。如果想要给你单调乏味的生活多增添些情趣,不妨试着插入几条谜语,肯定能收到意想不到的效果!

我们换个思维,换种角度,再来猜几个事谜。

事谜主要是以人或动物的活动作为谜语的谜底,例如《周易》中记载的我国那首最早的"剪羊毛"的谜语,它就是一首劳动谜。再如,人驱使牛耕田的"两头肉,中间木"。又如:

层层石头不见山,短短路程走不完,轰轰雷声不落雨,茫茫白雪不知冷。

将一首很有意境的小诗作为谜面,把日复一日,年复一年的推磨劳动展现得如此富有情调。看过此谜,有可能会让已经厌倦推磨劳动的人民再次燃起激情,鼓足干劲,继续将那短短的路程走下去。也可能会引起从未尝试过推磨劳动的人们的好奇心,使他们内心对这一生产劳动产生无限美好的想象。

石 磨

猜了这么多的谜语,稍微休息一下大脑,赶紧喝口"水",为更高一级的谜语而战。不过,在进行下一阶段的猜谜活动之前,咱先回过头把第一个物谜的谜底揭开吧。不知你是否已经忘记了这个谜语的谜面:"有个东西,洗了不净,不洗反而干净。洗了不能吃,不洗反而能吃。"

想必聪慧的你们早已看透它是什么了吧,没错,谜底就是刚才让你喝得那口"水"!

以上这些算是小试牛刀,如果你能破解下面的谜语,真可称得上是"谜中高人"了。

明朝奸相严嵩凶暴残忍。一日,他在家与逆臣密谋,想要害死一位为民请命的忠臣,恰巧被一位丫鬟听到。充满正义感的丫鬟准备通风报信给忠臣。一日,忠臣来到严嵩的府上,丫鬟不便直接相告。于是,她心生一巧计,想到在忠臣的茶中做文章。丫鬟递给忠臣一杯由特殊材料而泡制的茶——一片橘皮、一截茅根、两粒红枣和一块茴香。忠臣看到这与众不同的茶,左思右想,终于明白了丫鬟所传递的信息。他便立刻携妻儿老小离开京城,回到乡下老家。从而,保住了全家人的性命。

你能破解茶中暗含的玄机吗?橘皮——"剥皮";茅根——"抽筋";两粒红枣——"早早";茴香——"回乡",连起来,便是:严嵩要把你"剥皮抽筋",尽快"早早回乡"吧!丫鬟运用汉字的会意法和谐音法编出谜语,拯救了忠臣一家的性命。丫鬟可谓是制谜高手!不过,这位忠臣也

算得上是破谜高手了。

谜语不仅有救人的功能，还有育人的功效。请看：

有个吊儿郎当的懒汉，整天游手好闲，不务正业，日子过得很是紧巴，吃了上顿没下顿。一天，不知从哪里听说有颗摇钱树，只要拥有它，这辈子都不再愁吃穿。于是，他到处寻找，无人知晓。几天几夜后，终于遇到一位见过"摇钱树"的农夫，农夫告诉懒汉："摇钱树，有两叉，两叉上面十根芽。摇一摇，落元宝，幸福生活全靠它。"这个汉子虽然懒惰，但并不愚笨，一听，便明白了农夫所指之物。经过农夫的点拨，懒汉从此过上了富足美满的生活。原来，这所谓的"摇钱树"，就是人们的一双手！

三　民间歇后语

歇后语是中国民间文学特有的一种俗语形式，在外国语言中根本找不到和歇后语相类似的语式。千百年来，我们的百姓生活、日常谈资离不开它，儒人雅士、高雅文学放不下它，即使正经严肃的政治性议论文也常拿它来添色。歇后语之所以耐人寻味，为人们喜闻乐见还经久不衰，这和它其中包含的语言技巧和修辞手法密不可分。歇后语的语言技巧和修辞手法多种多样：有谐音双关式歇后语、比喻式歇后语、拟人式歇后语、映衬式歇后语、引用式歇后语等等。下面，我们就好好地感受一下这些不同式样的俏皮话所具有的不同风趣。

还记得我们在谈谜语时说的那首关于苏东坡、苏小妹、秦少游三人猜来猜去的"墨斗"之谜吗？其实，宋代大文豪苏东坡不仅是制谜猜谜的高手，对于歇后语，他也是颇有研究，并能在生活中巧妙灵活地运用。喜欢饮茶的王濛总爱以茶待客，家里凡是来了客人，他就会不停地劝人喝茶。如果有人要去拜访王濛，人们就会说这个人今天要遇"水灾"了。一日，苏东坡到王濛家里做客，王濛也同样不断劝其喝茶。越喝越多，苏东坡终于无法忍受,趁仆人再次倒茶时,他说:"这真是老婆子涂脸啊!"苏东坡分明是话中有话,老婆子皮肤粗糙,皱纹也多,化妆时只能"搽了又搽"才可以将瑕疵掩饰住。在这里,苏东坡的言外之意便是:老婆子涂脸——搽(茶)了又搽(茶)。苏东坡不好意思直说不想喝茶,于是运用了"茶"与"搽"的谐音法含蓄委婉地将自己的意思表达了出来。

这种谐音双关式的歇后语正是利用汉字之间音近或同音的关系,由汉字原本的意义引申出另外一种意义,言在此而义在彼,达到一语双关的效果。谐音双关式歇后语理解起来往往有些难度,汉字这种一音多词的特点会造成人思维上的跳跃,听者总是要拐几个弯才能明白引用者的意图,但等到茅塞顿开时,便觉十分有趣,饶有兴味。

我国神话传说中的"八仙"之一吕洞宾大家肯定十分熟悉,关于他的歇后语"狗咬吕洞宾——不识好人心"想必也不陌生,但是关于这一歇后语的来源,你了解多少呢?我们一起来看个小故事:吕洞宾有个好友叫苟杳,两人十分要好,结拜为金兰兄弟。由于苟杳父母双亡,家境贫寒,吕洞宾便让苟杳搬到自己家居住,并鼓励苟杳勤奋读书,早日摆脱困境。一日,吕洞宾的朋友见苟杳英俊潇洒,一表人才,便想将自己的妹妹许配给苟杳。苟杳欣然同意,但是吕洞宾不太愿意,怕结婚耽误苟杳学习,便对苟杳提出一个条件:"既然贤弟主意已定,我也不便过多阻挠。但是你们成亲的前三天,我要先陪新娘睡三宿。"苟杳心中千万个不满,但还是咬牙答应了。一连三天,吕洞宾都是晚上进屋埋头学习,也不说话,新娘总是盖着红盖头,等到半夜自己和衣睡去。第二天天不亮,吕洞宾就早早离去。漫长的三天终于过去,苟杳总算见到了新娘,一见新娘,新娘便哭哭啼啼地说:"为何三天你宁愿对灯学习,也不

吕洞宾画像

愿面对我?"苟杳这才恍然大悟,明白了吕洞宾是想用此来激励他,不要因为贪欢而忘记读书。终于,苟杳金榜题名,去京城赴任做官。很多年过去了,吕洞宾家中不慎失火,他便前去寻找苟杳相助。没想到苟杳薄情寡义,只字不提相助之事。吕洞宾无奈,只得返回家中。可是,令他万万没想到的是,回到家时,呈现在他面前的是一栋新房。不过,妻子却披麻戴孝,号啕大哭,见吕洞宾回来,更是惊恐万分。原来,吕洞宾出门不久,就有人为他家盖了新房。昨天,还有人抬了一口棺材进来,说是吕洞宾在苟杳家突发疾病而死。吕洞宾一听,气得拿起斧头就将棺材劈成两半,没想到棺材中装得全是金银财宝,还另附一首小诗:苟杳不是负心人,来送金银家盖房。你让我妻守空房,我让你妻哭断肠。读完信后,吕洞宾豁然开朗,原来苟杳并没有忘记自己,忘记交情。

这就是俗语"苟杳吕洞宾——不识好人心"的由来,由于"苟杳"和"狗咬"谐音,在人们的相互传送中,便成了"狗咬吕洞宾——不识好人心"。现如今,大家都将其理解为狗见到像吕洞宾这样的好人也不放过,还上前去咬,形容人不知好歹、不分善恶。

你听说过"张天师跪泥地——求情(晴)"的歇后语吗?传说张天师是世袭的道教"正一道"领袖,他爱民如子,十分关心百姓。一天,他碰见火神,从火神口中得知玉帝正派其前去焚烧扬州城。张天师听后,很是担心百姓安危,于是对火神说:"你别去了,由我代劳吧。"张天师让扬州的全城百姓都点上灯,以达到满天通红的效果。火神一看事情办妥了,便前去向玉帝复命。纸里终究包不住火,玉帝知道实情后大怒,命龙王爷降下大雨,淹没整个扬州城。张天师见大事不妙,跪在泥地上向玉帝祈求放过扬州百姓。玉皇大帝被其诚心感动,收回成命,太阳又重新照在了扬州城的上空。人们为了纪念张天师,就将这一传说编成了歇后语"张天师跪泥地——求情(晴)"。

谐音歇后语十分考验人的智商,如果反应不及时,甚至还会闹出笑话。有个学生,自以为满腹经纶,上知天文下晓地理,可是他的文章从来不被人欣赏,心中抑郁,很不服气。一次,他又写了一篇文章,拿去让名师批阅。名师看过后，只写了八个字——"高山打鼓，闻声百里"。学生看到这赞美之词，心中很是得意，趾高气扬地在其他同学面前炫耀。大家看其文章并不出色，便请教老师为何评价如此之高。老师回答说："你们想想打鼓发出的响声是什么声音?"一位学生答道："卜嗵，卜嗵……"说到这里，大家终于明白老师的意思，哈哈大笑。那个学生此时脸是红一阵白一阵，只好沉默不言了。原来，评语并非什么溢美赞赏之词，其真正的意思是"高山打鼓——不通不通(卜嗵卜嗵)"。这条歇后语真是幽默形象，它生动准确地评价了学生语句不通、条理不顺的文章。

还有很多风趣幽默的谐音式歇后语，能给人带来无穷的欢乐，例如：

一个墨斗弹出两条线——思(丝)路不对；

一根灯草点灯——一无二心(芯)；

八十岁的老太打哈欠——一望无涯(牙)；

三个菩萨堂——妙妙妙(庙庙庙)；

孔夫子搬家——尽是输(书)

……

谐音式歇后语先告一段落，我们再来欣赏一些比喻式歇后语：

孔雀开屏——尾巴翘得高；

老孔雀开屏——自作多情；

上了套的猴子——任人玩弄；

猪八戒照镜子——里外不是人；

快刀切豆腐——两面光；

竹篮打水——一场空；

木偶上戏台——幕后有人；

莲藕有节又有孔——似通非通；

小庙的神——没见过大香火；

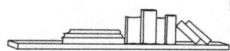

出窑的砖——定型了；

灶上的炒勺——酸甜苦辣都尝过；

……

以上这些歇后语的前半部分是用平时生活中我们经常看到、遇到的具体事物或现象打比方，后半部分用以解说，说出前面所打比方中含有的意义。我们将诸如此类的歇后语称为比喻式歇后语。这类歇后语可以唤起人们对事物或现象的联想，如果对前半部分事物或现象的本质、特点有所了解，自然就能够很快领悟到后半部分的所指之意。我们不得不佩服歇后语的创造者们这种细致、精准、敏锐的观察能力，再加上他们有着较高的分析水平，很自然而然地就通过通俗、浅显的事物或现象引申出深奥的并易使人接受的大道理。

日常生活中，很多人都应该见到过"水仙花"。它是中国传统名花之一，其花香浓郁，花叶秀丽，还拥有"凌波仙子"的美称。这位仙子不仅外表典雅清秀，而且内心十分善良，曾经救过穷苦百姓的性命。传说，有个富翁去世后，留下了一大笔很可观的遗产。他的大儿子看弟弟老实可欺，便将父亲大部分遗产占为己有，只分给弟弟一小块荒地。弟弟终日食不果腹，可怜凄凉。玉皇大帝于一次偶然的机会得知此事，于是，玉帝便赐予弟弟一颗被施了魔法的水仙花种子。弟弟悉心培养这颗种子，谁知它竟然日日成长，年年开花。乡里乡亲被水仙花那沁人心脾的香气吸引而来，尤其看到它那清新可人的模样更是喜爱不已。大家争相购买，弟弟从此发家致富。坐吃山空的哥哥越来越穷困潦倒，见弟弟富足很是眼红，把水仙花种子抢了去，可无论怎样栽培，水仙花始终只长叶子从不开花。叶子很快枯萎，其根部只留下了一个蒜头模样的球状物。哥哥是白白忙活了一场。

现如今，百姓常用歇后语"水仙不开花——装蒜"形容爱装模作样、装腔作势的人。有时，也直接用"装蒜"说一个人装糊涂。

唐朝诗人白居易的很多诗想必大家早已烂熟于心，可是有关他的

"白居易种荔枝——白费心思"的歇后语你不一定知道吧？下面就为你讲讲关于这一歇后语的来历。一天,被贬到重庆忠州的白居易接到一封来自弟弟白行简的家书,上面写道:白行简的儿子龟儿在读过白居易的《长恨歌》后,问父亲这样一个问题:"诗中为何没有提到贵妃娘娘爱吃荔枝一事?"白行简也无从可知,想要写信问问兄长。忽又想到生于北方长于北方的他们还从未见过荔枝的模样,于是想让白居易画一张荔枝图,也让他们瞧瞧荔枝的庐山真面目。白居易收到信后,本想寄点荔枝给家人尝尝鲜,可是无奈路途遥远,交通不便,鲜嫩的荔枝哪能经得起这种折腾? 思索了半天的白居易终于想到一个办法,他向老农请教了种植荔枝的方法,并写了一篇《荔枝图序》,还让画工画了一幅《荔枝图》,一同寄给白行简,希望当地人都可以见到并吃上荔枝。殊不知,北方的气候、环境并不适宜荔枝的生长。毫无悬念,白居易想让当地人吃上荔枝的愿望肯定是落空了。从此,"白居易种荔枝——白费心思"的歇后语便在民间流传开来。

歇后语不仅来源于人们的日常生活中,就是名著大作也时常跑出个歇后语,让人们念念不忘,流传至今。在《红楼梦》中,贾母病故之时,众人都前来守灵,痛哭不已。贾宝玉看薛宝钗虽然浑身挂孝,但是那份雅致却是穿平日里那些花枝招展的衣服所体现不出来的;又见宝琴也是淡妆素裹,煞是好看;忽然念起黛玉,要是林妹妹也是这种打扮,会是一种怎样的风韵呢? 可惜,黛玉已经不在。贾宝玉想到这里,心里隐隐作痛,趁着贾母的丧事,便放声大哭起来。史湘云更是不胜悲切,因为自己刚刚得了一位才貌双全的女婿,却不幸害了不治之症。湘云倍觉自己命苦,她心里难受,早想找个机会好好发泄一番。现在老祖宗去世,更是祸不单行,悲上加悲。于是,湘云痛哭不止,鸳鸯好一阵劝慰,湘云总算止住了泪水。众人只道两人念着贾母的好,所以如此悲切,哪知是"宝玉湘云哭贾母——各怀心思"啊!

闲谈中夹杂歇后语可活跃气氛,写作中借助歇后语可表达思想。毛泽东曾在《反对党八股》中引用歇后语"懒婆娘的裹脚——又臭又长"批

评冗长繁琐、言之无物的长文章。歇后语短小精悍,它仅用几个字就将一篇严肃的议论文变得风趣幽默,通俗易懂。

除了谐音双关式歇后语、比喻式歇后语外,还有拟人式歇后语——把事物当作人来写,将它写成和人一样富有感情的一类歇后语:

向日葵养孩子——没数儿;

猫哭耗子——假慈悲;

蜗牛赴宴——不速之客;

苍蝇洗脸——假干净;

黄鼠狼给鸡拜年——没安好心;

鸡给黄鼠狼拜年——巴结到家反送死;

……

映衬式歇后语——将两种事物截然不同的特点展现出来,或是并列说明一种事物的两个方面,以此相得益彰,通过对比揭示某个问题,说明某种道理:

三月埋种四月挖——急不可待;

大姑娘做媒——有嘴说别人,无心说自己;

冬天的扇子,夏天的暖炉——用不着了;

山顶上一棵草——有你不多,无你不少;

屎壳郎飞进花园里——一阵香,一阵臭;

……

引用式歇后语——以大家较为熟悉的神话传说、历史故事等作比的一类歇后语:

如来佛的经文——难得;

大水冲了龙王庙——一家人不认一家人；

韩湘子吹箫——不同凡响；

周瑜打黄盖——一个愿打，一个愿挨；

姜太公钓鱼——愿者上钩；

……

设问式歇后语——利用设问句的特点，在提出后半部分的问题之前其实前半部分早已明确了答案。设问式歇后语更能引起人们的注意，使语言波澜连绵，韵味无穷：

长虫爬进细竹竿——还有退路吗？

当着阎王告判官——能有你的好吗？

隔着黄河送秋波——谁理睬你？

一个人拜把子——你算老几？

一百个人当家——谁说了算？

……

从表面上看，歇后语修辞手法多种多样。如果剖析其内心，你还会发现，它还承载着各种丰富而深刻的精神和意义。在浩如烟海的歇后语世界中，有歌颂清官秉公执法的"包老爷作风——铁面无私"；有形容官员关心爱护百姓的"包公放粮——替穷人着想"；有讽刺阶级敌人两面派的"老虎戴念珠——假慈悲"；有刻画官僚、地主、守财奴们贪得无厌、搜刮民脂民膏的"棺材里伸手——死要钱"；有反映统治阶级独揽政权，不听取民意的"慈禧太后听政——独断专行"；有批评读书三心二意或是指责理论脱离实际的"小和尚念经——有口无心"；还有揭露赚取不正当收入的"大师傅的肚子——油水多"……

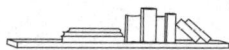

第八章

诉说民族历史的东方之歌

——民间长诗

一 "三大"史诗

在我国民间文学中,除了有"四大传说"之外,还有"三大史诗"——蒙古族的《江格尔》、柯尔克孜族的《玛纳斯》、藏族的《格萨尔》。这三大史诗都是举世闻名的英雄史诗,它们篇幅宏伟,感情浓烈,突显了三位英雄的光辉形象。三部史诗的标题既是史诗的名字,又是故事的主人公。在这里,三位勇士同台献艺,足以让我们大饱眼福。

首先登场的是蒙古族的《江格尔》。

《江格尔》是一部充满神话色彩的英雄长诗,堪称蒙古族文学的巅峰之作。这部史诗大约形成于 15 世纪,主要流传于聚居在我国阿勒泰山一带的蒙古族人民中间,它以瑰丽雄浑的言辞展现了在部落首领江格尔的带领下,12 位雄狮英雄和 6000 名勇士们为保卫乐土宝木巴与邪恶势力进行激烈斗争并最终取得胜利的英勇事迹。《江格尔》是由发生在众多英雄人物身上的数十个英雄故事串联而成,其每章都围绕一个中心人物展开,可以单独成篇,由"江格尔奇"(蒙古史诗的说唱者)独自演唱。

一提到蒙古族的英雄们,相信很多人都会想到成吉思汗、忽必烈等众多蒙古族历史的缔造者,而"江格尔"这一主人公形象正是指以成吉思汗、忽必烈为代表的蒙古族英雄豪杰们的群体形象。江格尔,来自于波斯语"扎罕格尔",意为"世界的征服者"。江格尔就像是草原上的一只雄鹰,用自己宽厚的翅膀庇护着自己的臣民;他也像是一匹奔腾的骏马,带领众将驰骋沙场,浴血奋战。

　　　　　在东方的七个国家中,
　　　　　江格尔是人民的梦想;
　　　　　在西方的十二国中,
　　　　　江格尔又是人民的希望……

江格尔雕塑

　　江格尔是"大海兆拉汗"的后代。他从小就是个孤儿,孤苦伶仃,在磨难中成长。当成千上万个蟒古斯(在蒙古长诗中指魔鬼)打来时,其父亲将还在襁褓之中的江格尔藏于山洞中,幸运的江格尔因口中含有形如马头的白玉而未饿死。他人小胆大,从小就手握战刀,身跨骏马,投入

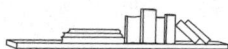

到血与火的奋战中。江格尔三岁驰骋战场，七岁便建立了英明。他英勇善战，迅速统一了42个大大小小的部落，成了民族团结的象征，被推举为"可汗"。"可汗"本意是指神灵、上天，在这里是对部落首领的尊称。小小年纪，便获得如此称号，足见其超人的智慧和非凡的能力。史诗除了赞赏江格尔，还歌颂了很多"马背英雄"：蚌巴国的栋梁，也是江格尔的得力助手——"红色雄狮"洪古尔；能够未卜先知，洞察入微的"千里眼"阿拉坦策吉；冲锋在前，力大无比的"铁臂将军"萨布尔；除此之外，还有"美男子"明彦，"文武双全"的萨那拉，能说会道的"巧辩手"凯吉拉干，"老黄牛"一般勤劳能干的萨那拉，更有"巾帼不让须眉"的江格尔夫人阿盖绍布特拉以及洪古尔夫人哈林基腊……可谓是英雄辈出，能人荟萃！

> 我们把生命献与短剑长枪，
> 把一片赤心交与宝木巴人民，
> 忠心耿耿，绝不贪婪，更不背叛。
> 我们不怕险峰峻岭，
> 不怕敌人凶暴残忍，
> 我们勇敢宽厚，
> 六千一十二位伙伴亲密无间，
> 就像一人一梯……

战士们的誓言喊出了他们的坚韧与勇敢。难能可贵的是，虽身处乱世，但他们没有一丝悲观之情。史诗的字字句句透着乐观主义精神，鼓舞人心，催人奋进，让人坚强。在广袤无垠的大草原上，江格尔同这些最亲密的战友出生入死，勇攻强敌。他们虽几度身陷囹圄，但毅力不倒，坚持从危难的境地中挺身而起。英雄们最终荡平了蟒古斯，捍卫了宝木巴，保护了大草原，解放了老百姓。

此外，长诗在歌唱英雄们的同时，不忘展现他们坐骑的魅力。马是陪伴他们赴汤蹈火最忠实的伴侣,如果说江格尔是人中之王,那么他的阿兰扎耳就是马中之王。

> 阿兰扎耳的胸膛,
> 雄狮一般隆起;
> 阿兰扎耳的腰背,
> 猛虎一样健美;
> 阿兰扎耳的毛色,
> 鲜红欲滴;
> 阿兰扎耳奔跑起来,
> 闪电疾风都不能与之相比。

史诗为我们描绘了一幅地远天高、烈马奔腾、人勇剽悍、侠气神奇的画卷,从中可以看到草原民族的强悍勇猛和草原骏马的奔驰浩荡,更能感受到草原人民的坚强不屈。

《江格尔》的确是一部英雄人物的颂歌,但其中也透露着蒙古族老百姓的美好憧憬。诗中的"宝木巴"就是古代蒙古人民心中的世外桃源,这里没有纷扰的战争,只有平静的和谐。"宝木巴"的名字来源于蒙古人民用紫铜制作而成的圣水瓶,其在蒙语中的意思就是"仙境、圣地"之意。以勇士们各自的非凡才能,再加上他们的团结一心,终于建立了一个没有风雨雪灾,只有阳光明媚;没有遍野群兽,只有肥美牛羊的理想国度:

> 孤独之人来到这里,
> 美满幸福;
> 贫穷之人来到这里,
> 富足长隆。
> 这里没有战乱,

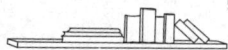

　　　　　　　　只有永远的幸福和不尽的生命。

　　以上便是《江格尔》的故事。下面,我们来了解一下《玛纳斯》。

　　还记得"愚公移山"的故事吧,子子孙孙,祖祖辈辈,为移山这一共同目标而奋斗。无独有偶,在柯尔克孜族也有着"玛纳斯"一家,他们与愚公一家一样有着不达目的誓不罢休的决心,想通过前赴后继的斗争最终赢得自己的幸福生活。与愚公不同,玛纳斯面对的敌人不是高山,而是凶残的外来入侵者。《玛纳斯》与《愚公移山》有着异曲同工之妙,只是"玛纳斯"家族远远没有愚公一家的幸运:愚公的行为感动了上天,得到了山神的帮助,而玛纳斯却是真枪实弹地与自己的 7 代子孙率领柯尔克孜族人民驰骋战场,最终捍卫了自己的家园。

　　《玛纳斯》一共记载了玛纳斯祖孙八代的丰功伟绩,分为 8 部 23 万余行。它们各部分别叙述一代英雄人物的故事,而且每一部分都是以这一代英雄人物的名字而命名:第一部《玛纳斯》、第二部《赛麦台依》、第三部《塞一铁克》、第四部《凯涅尼姆》、第五部《赛伊特》、第六部《阿斯勒巴哈与别克巴哈》、第七部《索木碧莱克》、第八部《奇格台依》,整部长诗以第一部中的主人公而得名。他们全家老小齐上阵,共同汇聚成一部规模宏伟的《玛纳斯》。《玛纳斯》主要流传于我国新疆,此外,在中亚的吉尔吉斯斯坦以及阿富汗等地也可以经常听到"玛纳斯奇"演唱《玛纳斯》。有 20 多种曲调的《玛纳斯》荟萃了民间文学的精华,包含了大量的神话、传说、歌谣等。每当节庆婚丧、祭祀仪式,牧民们都要邀请"玛纳斯奇"来家里说唱《玛纳斯》。听说哪家要演唱《玛纳斯》,庄稼汉扔下手中的农活,妇女们放下怀中的婴儿也要跑去聆听。

　　《玛纳斯》通过讲述一代又一代英雄斗争的故事,反映了柯尔克孜民族百折不挠、骁勇善战的民族精神。第一部《玛纳斯》是整部《玛纳斯》的核心,也是其中最精彩的一部分。它的篇幅最长,结构最完整,内容最纯朴。这一部分从柯尔克孜族的祖源和玛纳斯家族的祖先唱起,将玛纳斯联合众部落,共同反抗外族侵略的斗争娓娓道来。玛纳斯出生于阿尔泰,从小就胆识超人,"他有着饿狼般的胆量,有着雄狮般的性格,有着巨龙般的容颜……"玛纳斯关心人间疾苦,同情百姓遭遇,为了保卫家园,反对侵略者的压迫,他号召众勇士,历经千难万险终于完成了民族的统一大业。玛纳斯曾说:"我们的人民,我们的土地,这是我日日夜夜思念的大事,为了万代子孙的神圣事业,我愿意在战场上度过我的一生。"只是,后来的玛纳斯不顾爱妻卡尼凯的劝阻,一意孤行要出征契丹人的京城,不幸身负重伤,以悲剧告终。这就是气盖山河的英雄玛纳斯的一生。

除了玛纳斯之外,史诗还成功塑造了近百个有血有肉的人物形象。长诗在刻画人物时,有的浓墨重彩,有的简单勾勒。他们容貌不同,个性迥然,但都栩栩如生,跃然纸上:有奋勇直前、视死如归的楚瓦克;有德高望重、料事如神的汗王巴卡伊;有机警聪颖、智慧超人的阿勒曼别特;还有仁慈宽厚、待人和善的汗王考少伊……这是一个强大的共同体,他们冲锋陷阵,携手并肩,将玛纳斯崇高的意愿世世代代传递下去,共同建造了叱咤风云的英雄伟业。

格萨尔王塑像

《玛纳斯》能够成为我国"三大史诗"之一,肯定不是徒有虚名。人物塑造方面,形象美;故事内涵方面,情节美;风俗信仰方面,生活美;演唱乐调方面,音韵美;语言运用方面,诗意美……从头至尾,无不充满着浪漫主义色彩。曲折动人的故事配上优美悦耳的曲调,扣人心弦,怎一个"美"字了得!

自古至今,沧海桑田,历史巨变,可"祖先留下的史诗,仍然在一代代地流传"。在漫长的岁月中,深居于崇山峻岭深处的柯尔克孜人民无论遇到狂风大雪、暴雨洪水等自然灾难,还是遇到外敌入侵、畜群被掠等人为灾害,他们从不绝望消极或堕落沉沦,因为他们始终相信柱天踏地的玛纳斯一直站在身后保佑自己渡过难关。

历经磨难后终能成为生活的强者。这正是玛纳斯精神,也是《玛纳斯》的魅力。

最后,藏族英雄格萨尔将为大家奉献上一部重量级作品《格萨尔》。

之所以说《格萨尔》是一部重量级作品,最重要的原因之一就是到目前为止,它是世界上已知最长的一部史诗,长达100余万行,2000多万字,共120部。众所熟知的著名荷马史诗《伊利亚特》15000多行;内容丰富的印度史诗《摩诃婆罗多》20多万行,在《格萨尔》尚未发现之前,它曾被认为是世界上最长的史诗。《格萨尔》现身后,它只能甘拜下风了。《格萨尔》的宏伟庞大着实让人敬佩!

这部卷帙浩繁的英雄史诗大约产生于11世纪。在此之前,藏族社会经历了很长一段大动荡时期,老百姓遭受着战争的迫害,生不如死。他们深切盼望出现一位能够拯救众人于水深火热之中的英雄人物,可以带领百姓逃出黑暗的魔掌,走进光明的世界。于是,在这不寻常的年代里,"格萨尔"应运而生。

《格萨尔》主要流传于我国的西藏、新疆、青海、四川等地,其内容丰富神奇,结构清晰明了。史诗围绕着岭国之王格萨尔,讲述了他一生的丰功伟绩。

"格萨尔",在藏语中的意思为"种子、精华、英雄"。他乃天神之子,

树上猫头鹰,屋檐小蝙蝠,拍翅扑隆隆,嬉笑咕噜噜,讲点俏皮话,不顾大家苦;但愿天地黑,天黑好享福……

原始社会时期的苗族没有文字,于是出现了这种以口唱为主的"古歌",它记载着苗族社会的沧桑巨变。《苗族古歌》是在苗族中流传最久远、最完整的一部史诗,大约8000行,共12首,分为4大组:

第一组《开天辟地歌》(包含"开天辟地"、"运金运银"、"打柱撑天"、"铸日造月"四首长歌),以层层追问、步步紧逼的方式叙述了天地宇宙、日月星辰的形成过程。云雾生出巨鸟,巨鸟又生出天地。四位巨人历经艰辛,铸造日月,分离天地,终于迎来了美丽新世界——"后生吹芦笙,姑娘围着跳,歌声和笑声,阵阵冲云霄"。

第二组《枫木歌》(包含"枫香树种"、"犁东耙西"、"栽枫香树"、"砍枫香树"、"妹榜妹留"、"十二个蛋"五首长歌),叙述了物种的来源和人类的起源。古代苗民认为枫木是万物之神,所以人类也是来源于此。从枫树树干中长出的"蝴蝶妈妈"在传说中是人、神、兽的共同始祖,她与水泡相爱,生下12个蛋,这12个蛋接着繁衍出姜央、雷公等12弟兄,姜央又生葫芦兄妹……由此可见,整个第二部分,不仅讲述了人类的起源,还讲述了人类的再造。

第三组《洪水滔天歌》(包含"洪水滔天"、"兄妹结婚"两首长歌),讲述了姜央、雷公两兄弟的争斗以及人类的繁衍过程。姜央设计抓住雷公,并关进笼中,雷公骗葫芦兄妹拿来酸汤解渴,他喝了即可逃上天,立马发下洪水。姜央早料想雷公会使出这招,于是准备了一个大葫芦送给儿女:"你俩坐葫芦,快快下人间,找伴造人种,结婚造人烟。"

最后一组《跋山涉水歌》,"有五支妈妈,有六支婆婆,翻山又越岭,涉水又过河,迁徙到西方,寻觅好生活。"由于繁衍的子孙过多,缺吃少银,于是苗族人民翻山越岭、跋山涉水,历经艰辛,由东部西迁到贵州。最后,定居于此。

《苗族古歌》中的古歌古词折射了苗族人民的心灵记忆,其中包含

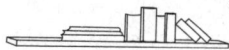

着众生平等、人与自然共存的思想哲理,同时它还是一部有关苗族族源、风俗生活、伦理道德等的百科全书。

整部长诗用神话般的幻想将苗族古老曲折的历史过程生动地展现了出来,苗族百姓将自己用双手创造出的丰功伟绩通过朴素、热情的语言巧妙地载入了古歌中,谱写了一曲劳动人民创造世界的颂歌。

在云南楚雄姚安、盐丰等彝族自治县长期流传着一部关于彝族的创世史诗《梅葛》。"梅葛"原本是一种调子的名称,后由于使用梅葛调演唱创世史诗,因而得名。在彝语中,"梅"即"经典","葛"即"说、唱、颂","梅葛"即意为"颂经"。《梅葛》在彝族地区有着较高的地位,彝族人民将其视为"根谱"世代口耳相传。

《梅葛》全篇共分"创世"、"造物"、"恋歌"、"婚事和丧事"四大部分,展现了人类漫长的发展过程。"创世"是其中最为古老的部分,讲述了"开天辟地"和"人类起源"。远古时期,彝族先民对"虎"很是崇拜,这从《梅葛》中就能感受一二:"用虎骨撑天,用虎骨作地;左眼成太阳,右眼成月亮;虎须作阳光,虎牙作星星;虎油作彩云,虎气作浓雾;虎血成大海,虎肠为小河……"由此可见,世界完全由"虎"而生。另外,关于人类来自何处,史诗中更有奇妙的说法:"格滋天神撒下三把雪,落地变为三代人。"前两代人十分不幸,都被太阳晒死了,最后一代人终于逃离了太阳的魔掌,却又落入了洪水的魔咒。只有学博若的第五个儿子和小妹妹因被一个葫芦拯救而得以幸存,其余人全部遇难。洪水过后,两兄妹在天神的说和下"成亲传人烟"。长诗后面的三个部分讲述的内容更是丰富,从刀耕火种原始农业的劳动经验唱到婚姻习俗、丧葬习俗,还有对死亡的解释。

彝族祖先对天下万物的起源充满了朴素、神奇的想象,这些全部都在史诗中呈现了出来,构成了一幅追溯历史、寻找传统的绚美画卷。

产生于纳西族原始社会时期的《创世纪》生动地反映了纳西族先民们创世立业、繁衍后代的过程。史诗主线鲜明,清新亮丽,共包括"开天辟地"、"洪水翻天"、"天上烽火"、"迁徙人间"四章。《创世纪》从天地未分时的混沌不堪,一直唱到纳西族、白族、藏族三个民族的形成,展现了气势磅礴的创世场面,为我们记录了一个动态的远古社会生活场景。史诗不直接讲述先民们创世立业的艰辛经历,而是刻画了一位足智多谋、勇敢坚强的创世英雄从忍利恩,在他与众神百折不挠地斗争过程中足以看出纳西族先民战胜自然的不易,更能感受到纳西族劳动人民的智慧和力量。在古希腊神话中有位神明名为普罗米修斯,闻名于世界,而从忍利恩则可以说是纳西族的"普罗米修斯"。从忍利恩意志坚定,百折不摧,与洪水猛兽、天神凶星进行着形形色色的斗争。史诗用豪壮的语言塑造了一个顶天立地的男儿:

> 我是开九重天九兄弟的后代,
> 我是辟七层地七姐妹的后代,
> 我是翻越九十九座大山气力更大的种族,
> 我是越过九十九座高坡精神更旺盛的种族
> ……
> 是所有人来杀怎么也杀不死的种族,
> 是所有人来敲怎么也敲不碎的种族。

在《苗族古歌》和《梅葛》中都有洪水泛滥的图景,主人公都是坐着葫芦幸免于难。从忍利恩在创世时,也免不了遭到洪水的为难,但他的救命恩人却是拴在柏树、杉树上的皮囊,它乘坐皮囊顺利逃难。说到这里,不得不提一提柏杉在纳西族人民中的地位。纳西人民十分崇拜柏杉等植物,他们认为这些植物之所以长生不死是因为它们与上天有着解不开的密切联系。就是现在纳西人民在祭祖拜天仪式时必备的祭物中也少不了柏杉等植物,他们要用柏杉向天神传递自己的思想。

我们再来欣赏一部有关瑶族的创世史诗《密洛陀》。《密洛陀》主要流传于广西巴马、都安等地,千百年来传唱不断,深受瑶族百姓的喜爱。它是迄今为止在瑶族人民中发现的最宏大、最完整的史诗。

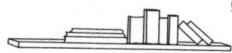

"密"是"母亲"的意思，"洛陀"是母亲的名字，"密洛陀"即"老祖母"或是"老母亲"。在瑶族人民的心中，"密洛陀"就是创世之母，现在的一切都由密洛陀孕育而生。密洛陀能量巨大，创宇宙、开天地、造日月、制星辰，她就是一位神通广大的创世主：

> 一呼传山神，
> 卡哼到身边；
> 二呼传水神，
> 罗班到跟前；
> 三呼传火神，
> 昌郎便来到。
> ……
> 九位大神并肩站，
> 犹如一排山。

这位女神能够主宰万物，肯定出身不凡。传说中她由大风吹成，而大风又是由大龙造成。这么说来，密洛陀还是龙的传人，如此更是加深了瑶民对这位女神的崇拜之情。农历五月二十九日是密洛陀的出生之日，每年的这天，家家户户杀猪宰羊，欢聚一起吃团圆饭。男女老少，载歌载舞，节日气氛绝不亚于春节。

关于创世史诗，民间还存有很多。例如彝族的《勒俄特依》、《阿细的先基》，哈尼族的《奥色密色》等。这一部部优秀的史诗就是一个个民族历史和民族精神的展览馆，循着历史的足迹，可以感受到各个民族的民俗民情以及其中所赋予的民族文化内涵。

三　叙事长诗

民间长诗包括两大类：民间叙事诗和民间抒情诗，以上提到的这些都属于第一大类，即民间叙事诗。民间叙事诗还有一个别名叫"故事歌"，这类长诗是将一个完整的故事以韵文诗的形式展现出来，其内容丰富，远不止上面提到的这几部。

早在商周时期，就出现了叙事诗的萌芽。《诗经》中的《氓》和《谷风》可以看做是民间叙事诗的雏形。虽然两首诗歌的题材有些类似，都是讲述妇女不幸的婚姻生活，但给人的感受截然不同。《氓》中的妇女刚烈豪爽、敢爱敢恨，当她深感男女在爱情婚姻上的强烈不平等后决绝离去。在当时的社会文化背景下的女子有这种行为实属不易。她会被众人认为不忠不贞，更会遭到所有人的谴责和唾骂。与之相反，《谷风》中的女主人公可谓是中国古代女子的典范。她对用情不专的丈夫低声下气，低眉顺眼，让人禁不住对她产生一种"哀其不幸，怒其不争"的同情。

东汉末年，叙事诗逐渐趋于成熟，《孔雀东南飞》正是这一时期的光辉作品。此诗共356句，被认为是我国古代文学史上最长的一部叙事诗。《孔雀东南飞》通过焦仲卿与刘兰芝之间的爱情悲剧，控诉了吃人宗教、专制家长的罪恶，表达了青年男女渴望真挚爱情、向往婚恋自主的强烈要求。"孔雀东南飞，五里一徘徊"，以感伤的诗句开篇，为全诗奠定了悲情的基调，把人带入了一种充满无限伤感的氛围。这首诗歌故事生动完整，感情细腻委婉，格调深沉哀怨，人物形象鲜明，情节更是跌宕起伏。刘兰芝是一位善良勤劳、备受封建礼教压迫的女子，但她不屈于命运的安排，勇于追求属于自己的爱情，对焦仲卿不离不弃。最后，被逼上绝路，只得以死抗争，"揽裙脱丝履，举身赴清池"。焦仲卿知道真相后，"自挂东南枝"，毅然决然地选择了殉情，与兰芝同死。自此，两人化作一对鸳鸯，永远不再分离。

在我国文学史上有一首诗歌与《孔雀东南飞》合称为"乐府双璧"，那就是产生于南北朝时期的不朽诗歌《木兰辞》。此诗虽然讲述了一个女子的故事，但是词调铿锵雄劲，很是具有男儿气魄。木兰女扮男装，替父从军，驰骋战场，最终胜利凯旋，竟无一人发现她是女子。故事虽有些

传奇的英雄色彩,但由于木兰的形象有血有肉,富有人情味,因此让人倍感亲切。千百年来,始终是家喻户晓、妇孺皆知。

在我国各个民族中或多或少都存有民间叙事长诗,例如汉族的《钟九闹漕》、蒙古族的《嘎达梅林》、苗族的《张秀眉史歌》、布依族的《金竹青》、彝族的《放鹅娄记》等等。

《钟九闹漕》产生于 19 世纪,广泛流传在湖北崇阳等地,主要讲述了清朝时期钟九号召农民

花木兰画像

起义抗粮的故事,因此又名《抗粮传》。1842 年 1 月 20 日,钟人杰聚集数千人发动了中国近代史上第一次农民起义,他自称钟勤王,带领起义军占领了崇阳县城。虽然起义时间只有 43 天,起义范围也仅限湖北湖南一隅,而且最终战败,但这些都不能抵消此次农民起义的强大影响力。起义军众至万人的规模使得清王朝如坐针毡,接连派遣重兵进行围剿和镇压,这次抗粮起义的威慑力是此后将近十年间江南各省接连不断的农民起义中任何一次都不曾达到的。

这一叙事诗真实地反映了封建社会官官相护,官衙粮房巧取豪夺,人民百姓无以为生的真实状况。其以山歌的形式将历史事件的全部过程演唱出来,从打官司、换知县,到反抗粮房、武装起义,最终到起义兵败、领袖被杀,情节生动曲折,矛盾波澜起伏,一浪高过一浪,真实地再现了这一悲壮的斗争。整首诗歌充满着战斗气氛,气势宏伟,鼓舞人心,激发了人们的革命意志。诗中的钟九是一位有勇有谋、威震四方的英明领袖。最后兵败被杀,"钟九死得不甘心,骂声官吏禽兽人。长叹苍天无报应,连众头目命归天"。

128

我们刚刚目睹过以钟人杰为领袖的农民起义，再来看一看嘎达梅林所率领的牧民起义。

1929年，在内蒙古的草原上发生了一场声势浩大的牧民起义，这次起义的首领即是当时王府中的一位军官嘎达梅林。当时，蒙古官吏勾结奉系军阀张作霖对大草原进行残酷的统治，致使百姓流离失所，苦不堪言。忧国忧民的嘎达梅林同情百姓遭遇，向王爷请愿，却被扣上"反抗王爷"的帽子关进牢中，他的妻子牡丹号召众人将其救出。"官逼民反，不得不反"，嘎达梅林聚集诸位弟兄进行武装起义，不过起义最终由于寡不敌众而惨遭失败。嘎达梅林誓死不降，义无反顾地跳进西拉木伦河，壮烈牺牲。起义虽败，但无疑给了当时的统治者一记响亮的耳光。

这是一段真人真事，后人们据此创作了一部叙事长诗《嘎达梅林》，用以纪念此位英雄。《嘎达梅林》是蒙古族民间叙事诗的代表作，故事情节跌宕起伏，生动地展现了嘎达梅林的刚正不阿及其妻子牡丹的勇敢刚毅：

> 共患难的众兄弟啊，
> 想要活命只能跟王府拼。
> 背起大枪来反抗，
> 是为了那十旗的土地，
> 老嘎达宁愿粉身碎骨，
> 也绝不投靠万恶的敌人！

史诗中不仅有对人物形象的生动刻画，还有对场面的详尽描写，从中大可以感受出激情澎湃的热烈气氛：

> 带子弹的洋枪啊，
> 都收拾齐了，老嘎达！

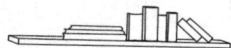

中国民间文学入门寻味

一个个的兄弟啊，

都是天不怕来地不怕。

柔美清新的语言格调，真挚浓郁的抒情色彩以及粗狂刚劲的艺术风格充满着全诗，渗透于字里行间。《嘎达梅林》以唱为主，以讲为辅，将叙事与抒情巧妙融为一体，以真切的故事吸引人，以浓郁的感情感染人。草原的辽阔与斗争的悲壮，将人带入了一种无比刚强的精神世界，始终鼓舞着蒙古人民不断抗争，不断前进！

蒙古人民有自己的起义英雄，苗族人民也有着他们的抗争偶像——张秀眉。

传说中，张秀眉不是平凡之人，他是白虎星下凡，专为穷人解难报仇。张秀眉率领义军征战沙场，无论敌人如何众多，兵炮如何猛烈，他全能一一应付。敌人遇见了他，如同老鼠撞到了猫。

张秀眉领导苗族人民进行起义，在这次起义中，苗民们用自己的生命和鲜血谱写了一部叙事史诗《张秀眉史歌》，它以真实的历史感和极雄伟的艺术魅力在百姓中站稳了脚跟。史歌世代传颂，经久不衰。

1855年，也就是清朝咸丰同治年间，贵州苗族人民在张秀眉的率领下揭竿而起，进行了大规模的起义运动，运动以暴风骤雨之势席卷了整个黔东南。起义坚持了18年，于1872年最终失败，这可算得上是苗族历史上影响范围最广、时间最长、斗争最为复杂的一次起义。18年的时间，起义军没有白白地流血流汗，他们狠狠地打击了清王朝的封建统治势力，强有力地推动了苗族地区的生产生活。人们在史歌中唱道：

八月里来是金银，

黄金稻谷好收成，

往年收粮归官家，

今日收粮为自己。

《张秀眉史歌》在故事情节、结构叙事上，大部分都是运用粗线条的手法进行描绘，很少能看到细腻的言辞。如此一来，反而更加接近生活的原型，更显真实。张秀眉与杨大六被捕，知道这次难逃一劫。在敌军的"鸿门宴"上，杨大六就问张秀眉："你带家伙没有？要个把'鸡'带路吧！""鸡带路"是苗族的丧葬习俗，将一只雄鸡栓于棺材之上，可以为死者引路，这只鸡便叫作"引路鸡"。张秀眉说："什么都没有，寸铁不挨手，你有家伙快动手。"杨大六迅速掏出短火枪，对准敌人毛团总的脑壳就是一枪，随着"砰"的巨响，毛团总一命呜呼。俩人哈哈大笑："得个鸡带路！得个鸡带路！"豪爽的笑声里，尽显英雄本色。他们天不怕地不怕，乐观坚强，无所畏惧。

四　抒情长诗

　　民歌多是抒情的，将一首首短小的民歌连在一起便汇成了一部部抒情的长诗。民间抒情长诗饱含着老百姓的深厚情感，有咏唱恋人幸福、互诉爱慕之情的爱情长诗；有歌唱生活斗争，为实现理想而奋斗的劳动长诗；还有哀悼死者，对已逝者表示怀念的哭丧长歌等等。

　　在彝族支系撒尼人中间长期流传着一部曾轰动国内外的名为《阿诗玛》的抒情长诗。这部长诗共分为13章，包括"应该怎么唱啊"、"在阿着底"、"天空闪出一朵花"、"成长"、"说媒"、"抢亲"等。《阿诗玛》在结构上有头有尾，开头是引子，中间充满着浓厚的抒情气氛，最后以悲剧收场，它用诗的形式唱出了一个完整的

石林"阿诗玛"

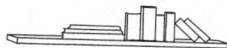

中国民间文学入门寻味

爱情故事。

　　阿诗玛与阿黑从小青梅竹马,"哥哥犁地向前走,妹妹播种撒粪紧跟随"。三言两语,简洁自然,勾勒出了一幅美好的幸福画面。可是,美好的爱情并没有持续多久——"蚂蚁都不敢进他家门"的土司热布巴拉的儿子看上了美丽善良的阿诗玛,还进行了无赖式的抢婚。"吃过虎胆"的勇敢阿黑当然不会坐视不管,他要保护自己心爱的女子。于是,阿黑与热布巴拉父子多次斗智斗勇,终于将阿诗玛胜利救出。可在归途中,阿诗玛与阿黑被热布巴拉放出的洪水冲散。阿诗玛不见了踪影,阿黑到处寻找,大声呼喊:"阿诗玛!"神奇的是,阿黑每一声"阿诗玛"总能换来对面十二崖子上相同的一声"阿诗玛"。原来,被洪水淹没后的阿诗玛变成了回声神,整日屹立在十二崖子上。

> 日灭我不灭,
> 云散我不歇,
> 我的灵魂永不消散,
> 我的声音永不消逝。
> 你怎样呼喊阿诗玛,阿诗玛就怎样与你对话。

　　《阿诗玛》自始至终都是围绕阿诗玛的遭际展开,她就是撒尼妇女生活和命运的再现。阿诗玛处在一个贫富差距悬殊的社会里,富人蛮横强暴,穷人贫寒压抑。但是,阿诗玛不甘屈辱,她有着追求自由的自觉意识,她不顾一切后果进行抗争,矛头直指以热布巴拉为代表的强权势力。面对热布巴拉的威逼利诱,阿诗玛总是不屑一顾,嗤之以鼻:

> 你家谷子堆满仓,
> 牛羊排满山,
> 我也不稀罕;
> 你家金银马蹄大,

我也不情愿。

不嫁就是不嫁，

九十九个也不嫁。

　　热布巴拉请媒说亲，似乎是履行人生礼仪，但实质是用暴力手段以达到强娶阿诗玛的目的，暴露了封建领主的残暴贪婪和阴险毒辣。阿诗玛和阿黑为反抗不合理的婚姻制度和反动统治阶级的特权压迫而进行了坚贞不屈又颇富机智的斗争。长诗成功塑造了这两个不妥协、不退让的反抗者形象，歌颂了劳动美和抗争美，体现了撒尼人民反抗强暴、追求自由幸福生活的坚强意志。

　　如今，阿诗玛已经成为彝族女子的代称。彝族人民之所以如此喜爱阿诗玛，是因为她不畏强权、不贪慕虚荣，与劳动人民有着最密切的联系和最深厚的感情。《阿诗玛》从各个方面反映了撒尼人的生产生活方式、丰富多彩的民间信仰和他们的道德伦理追求。诗中提到阿黑多才多艺，尤其是弹得一手好"弦子"，格外动听，吸引了很多姑娘。彝家少年，他们从十几岁就开始弹奏三弦、唱歌跳舞，个个都是"听见三弦响，心慌脚板痒"。尤其是在节日的夜晚，青年男女们在彝家寨外的空场上，围成圆圈，中间燃起高大旺盛的火堆，小伙子一边弹着大三弦一边同姑娘对舞。如此良辰美景，可谓天上人间，真是羡煞旁人！

　　彝族有个姑娘叫"阿诗玛"，苗族也有个姑娘名为"仰婀莎"。

　　在苗语中，"仰"为姑娘的名字，"婀莎"是"凉水"之意，"仰婀莎"的意思就是"清水姑娘"。很多女孩取名为"仰婀"，这是父母希望她们可以像仰婀莎一样漂亮、有韧性，敢于追求属于自己的幸福。

　　《仰婀莎》被誉为"最美的歌"，它在苗族长诗中有着重要的地位，与苗族古歌中"最伟大的歌"《妹榜妹留》、"最长寿的歌"《榜香由》、"最富贵的歌"《运金运银》并称为苗族民间文学"四宝"，一直传唱不断。

　　传说中，仰婀莎出生于水中，因此被称为"清水姑娘"。正当这位美丽的姑娘到了恋爱的年龄，开始幻想美好爱情时，却被骗去嫁给了薄情

133

寡义的太阳,整日以泪洗面。在太阳的心中,除了金钱就是名利,全然没有仰婀莎的位置。而长工月亮却把最温暖的爱情带到了仰婀莎身边,从此,仰婀莎爱上了月亮,两人一起逃到天边成了家,过上了公主和王子一般的幸福生活。

充满着神话色彩的《仰婀莎》,散发着浪漫主义的幽香,不愧为"最美的歌"。这首歌唱出了仰婀莎的各种美:人美、心美、性格美。仰婀莎敢于逃离没有爱情的虚假婚姻,勇于追求属于自己的真挚爱恋,这是她最让人津津乐道的地方。长诗有不少关于仰婀莎与月亮甜蜜爱情的想象,这些充分表达了人们对未来生活的美好憧憬。

在我国傣族地区,同样也流传着一部属于他们民族的爱情长诗《娥并与桑洛》。

这是一个凄美动人的爱情故事,一个类似于"梁祝"的悲剧姻缘。娥并与桑洛相亲相爱,只因为所谓的门不当户不对,两人硬是被桑洛的母亲活生生地无情拆散。娥并含恨而死,桑洛也与娥并一同殉情。桑洛的母亲为了不让两个有情人再次相见,将其坟墓远远相离。空间上的距离怎么可能阻挡得住有情人那绵绵无限的情思?娥并与桑洛变为两颗星星,永不熄灭,长相厮守。

《娥并与桑洛》对桑洛母亲这个封建卫道者的残暴与凶狠进行了无情地鞭笞:

　　　　她一看见娥并,
　　　　鼻子就翘起来。
　　　　扭曲的内心啊,
　　　　像狗尾巴摇来摇去。

此诗最大的魅力即是语言生动形象,通过对桑洛母亲外表的描写,很容易就能将其凶恶的形象淋漓尽致地展现出来。另外,对于娥并的惊人美貌,长诗也没有直接描述,而是用看见娥并之人的表现侧面烘托出她出众的外表：

> 拿起秤杆的人，
> 忘记把秤锤挂上；
> 吃饭的人放下碗，
> 错将菜盆端起；
> 喝茶的人看见她，
> 把烟草丢进碗里……

还有，在面对心胸狭隘且粗俗不堪的阿扁时，诗中这样写道："脸上的粉抹得像灰猫，头发能拧得出油来"；"脚上的藤圈，有绳子一般粗。"这些语言绘声绘色，诙谐幽默，爱憎分明。

桑洛与娥并的爱情"如同金色的藤蔓，盘在一棵树上，扭得比丝线还要紧密"。但是，在吃人的封建礼教笼罩下，他们仅能够拥有甜蜜羞涩的爱情，却得不到美满幸福的婚姻。

在民间长诗中，诸如此类反映旧社会爱情悲剧的诗歌还有很多，我们再看看纳西族的《游悲》。

在纳西族的旧社会时期，时常能看到这样一幕：一对对青年男女唱着《游悲》上山，为爱殉情，这可以说是反抗封建礼教最为激烈的手段。纳西族青年由于不满意包办式的婚姻，他们集体自杀，或从玉龙山上跳崖而死，或忍饥挨饿受冻而死，或上吊死去。总之，他们要用死控诉吃人的礼教，捍卫自己的爱情。

《游悲》异常悲哀凄凉，先是诉说殉情的原因：

> 我悲凉地坐在树下，
> 树木哭泣，落叶纷纷；
> 我哀伤地来到河边，
> 河水流泪，呜呜咽咽；

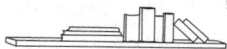

我又凄惨地坐到石头之上，

石头难过，冰冰冷冷，

这么浩大的世界啊，

哪里可以安生？

接着幻想"玉龙国"的幸福与自由：

这里有斑虎，

斑虎为乘骑，

骑着驯善的虎啊，

自由驰骋。

这里有白鹿，

白鹿做耕牛，

相爱人们驾着它，

自由耕种……

那时的社会，受封建思想毒害颇深。虽然自杀这种做法可以理解，但不能鼓励，更不能提倡。他们将残酷的自杀与美好的幻想结合在一起，看似浪漫多情，但其实悲观消极。活着，总归是有希望，而一死了之，那拿什么去抗争？

新中国建立前的抒情长诗以悲歌为主，我们总是怀着一种沉痛的心情去体会那些悲壮的感情。新中国成立之后，抒情长诗的基调发生了明显的变化，以赞歌为主，赞叹百姓翻身做主人后的幸福生活。

例如傣族长诗《流沙河之歌》，歌颂了流沙河在傣族人民的辛勤奋战下，最终由一条"魔鬼之河"变为了"天使之河"；还有蒙古抒情长诗《铁牤牛》，歌唱了火车第一次穿越大草原所产生的巨大轰动效应；彝族诗歌《彝家人之歌》，赞叹了新中国成立后彝家翻天覆地的变化……这些诗歌颂唱了老百姓对新中国的赞美、对新生活的热爱以及对未来世界的期待。

第九章

文学艺术的"轻骑兵"
——民间说唱

我们在全国各地都能找到说唱艺术的身影,其表演方式灵活多样,音乐曲调变幻无穷,艺术风格不一。既然是"说唱",那肯定是有"说"又有"唱"——"说"相声、评书、快板快书;"唱"坠子、弹词、大鼓与琴书……民间说唱者在说唱时常与听众交流感情,无论是有声交流,还是有神交流,都要靠听众的反应才能继续自己的表演。这样的方式大大缩短了说唱者与听众之间的距离,使说唱艺术很容易就能进入寻常百姓家。

一　喜剧相声

之前,我们聊起过民间文学中的民间笑话。现在,我们再来谈一种关于"说笑话"的民间曲艺形式——相声。

一说到相声,就会立刻充满笑声。无论是一年一度的中央电视台"春节联欢晚会",还是三五成群的好友聚会,都少不了相声的存在。相声能够道出人们的心声,因此,无论是大型晚会还是小型聚会,它都是备受期待、备受关注的节目。

相声是以语言为主要表现手段的喜剧曲艺艺术,是我国北方的曲种之一。早在先秦时代,相声的雏形就已出现。经过漫长的发展历程,直

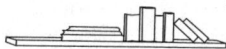

至清朝,相声终于长大成熟。咸丰年间,北京的朱绍文——别号"穷不怕"——是最早说真正意义上的相声之人。

"麻雀虽小,五脏俱全",不要看参与相声表演的人不多,有时只是一人说的单口相声,或是两人表演的对口相声,顶多是几人一起的群口相声。也不要小瞧相声表面上简简单单,其实,相声背后隐藏的玄机既多又深。要想精通相声,可不是一件简单容易之事,得先做好四门功课——"说"、"学"、"逗"、"唱"。

相声全凭一张嘴是没错,但这张嘴必须是巧嘴:要说得明白,学得生动,逗得有趣,唱得精彩。具体说来,"说、学、逗、唱"就是考验一个人的叙述描绘能力、声情模仿能力、巧言善辩能力以及声乐展现能力。这是相声四种不同的艺术手段,也是说相声的重要技巧。"说"是一种语言手段,也是一种表现形式;"逗"是你一来我一去的对话形式,其中包含着丰富的喜剧色彩。"说逗"的巧妙结合使得相声成为一种别具风格的说唱艺术,"以说为主,以逗当先",这是在相声界流传广泛的一句艺术谚语。"学"和"唱"融入"说"和"逗"之中,以使相声具有更大的魅力。它们四者之间是一种"你中有我,我中有你"的密切关系,缺一不可。

相声最首要的主题就是"讽刺",讽刺陈腐的社会,讽刺败落的家庭,讽刺黑暗的统治者,讽刺无理的小市民。它总是以嬉笑怒骂的方式,迅速地反映社会,敏锐地揭露现实,具有很强的战斗力。总之,这类相声就是以喜剧的形式讲述悲剧的故事。《开会迷》是一个触及官僚主义的经典相声:无时不开会,无事不开会,甚至连买个脸盆、搞个食堂菜谱也要举手表决。看起来十分民主,其实忙忙碌碌中根本毫无效率。开会当然十分有必要,但是把鸡毛蒜皮的小事也列在开会议程上恐怕不太合适。《开会迷》里的干部不是脚踏实地地深入群众内部进行调查研究,而是每天只知道坐在办公室里喝个小茶,看个小报,再开个毫无价值的小会。正因为有这么一群群高高在上的官员,正因为他们这种极其不负责任的行为,助长了官僚主义的势焰,大大阻碍了我国的社会发展。

还有一个《买猴儿》的相声,同样反映了官僚主义带给国家和人民的巨大损失。一个整日在生活上马马虎虎,作风上大大咧咧,对工作也漫不经心的"马大哈"由于嘻哈成性,竟将"到(城市)东北角买猴牌肥皂"的通知写成"到东北买猴",盲目成性的采购员也不问明白事情真相,不管三七二十一就跑遍大半个中国寻猴买猴,闹出了一场"买猴"风波,真是浪费了人力、财力、物力还有精力。

相声界的经典作品颇丰,反映的主题也很深广。诸如《连升三级》,道出了皇帝宰相的腐化败像,揭露了统治者的贪得无厌;《改行》,暴露了帝国主义的反动本质,表达了老百姓对封建统治的强烈不满;《揣骨相》,通过看面相公然指出卖国贼是"损骨头,吸尽民脂民膏;没骨头,靠外人以护身";《山东斗法》,狠狠地鞭挞了野心勃勃的帝国主义分子;《文章会》,一针见血地指出了封建科举制度的弊病。相声就像一把利剑,刺痛了无能统治者的内心。另外,还有一些针对人民内部矛盾进行嘲笑和抨击的作品。例如《打牌论》,入木三分地刻画了小市民阴暗的生活和低级的趣味;《华蜡千儿》,将亲人之间肮脏的金钱关系暴露无遗;《夜行记》,指出了不遵守交通规则的人害己又害人;《昨天》,嘲笑了思想不能与时俱进的旧社会工人。

二 趣味评书

古时候,有一种说唱艺术名为"说话",其实就是今天我们所说的"评书"。评书,以"说"见长,以"情节曲折"取胜,它主要讲述长篇的通俗小说、江湖传奇、民间故事和历史演义。评书中无论是刻画的人物形象还是进行的心理描写,都很是细致入微。它比故事细腻,比传说生动,足以抓住人的耳朵,打动人的内心。

既然是"评书",那"评"头论足自然免不了。说书人时常根据情节需要评古论今,以使作品更加丰满,更有内涵。例如,陈士和在说蒲松龄的《席方平》时,首先评说为什么一篇抨击贪官的作品却与阴曹地府联系起来,在旧社会,不这样不行,如果你敢指着鼻子骂贪官,那岂不是不

要命了!

说书时,说书人直接叙述的叫"表",模仿书中人物音容笑貌的为"白",分析书中人物行为特征的是"评",三者融为一体,构成了评书特殊的风格。

说书人在表演时,一般都是身穿长袍,面前一张长桌,桌上放有三种道具:醒木、折扇和手帕。每说一节,说书人都要用方寸大小的木制醒木往桌上猛地一拍,以引起人们注意,加强表演效果;折扇相当于一把武器,用来代替宝剑短枪等;手帕好比状书、书信。评书的底本完全存在于说书人的脑海中。说书人感情充沛,神形俱现,说起话来头头是道,环环相扣。说书人淋漓

说书俑

尽致的表演十分具有感染力,尤其是说到关键处,听众屏息凝视,书场鸦雀无声,只听得表演者在口若悬河地不停"说话"。

"说、学、逗、唱"可谓是说好相声的秘籍。其实,在评书的表演中,也有一个秘诀,即说书老艺人王少堂的"五字诀"——"手、口、身、步、神"。意思就是说,说书时声音、眼神、动作要紧密配合,带给听众一种如临其境的真实感。说到王少堂,他可谓是为评书献出了自己毕生的心血。在群众中流传着这么一句谚语:看戏要看梅兰芳,听书要听王少堂。由此足见王少堂的说书魅力。他的表演震慑人心,能够引人入胜、扣人心弦。由于听众听他说书入戏太深,常被故事感动得潸然泪下。

王派《水浒》可以称得上是评书艺术的代名词,其《武(武松)十回》、《宋(宋江)十回》、《石(石秀)十回》、《卢(卢俊义)十回》,篇幅宏

大，每一部足以说上好几年。评书《水浒》的特点是：以人物结构故事，贯连整篇内容，特别是对原著中没有交代或一笔带过的内容加以丰富，使其更加细腻丰满。尤其值得提及的就是《武十回》，它共计 10 回 58 章，包括景阳冈打虎、杀嫂祭兄、十字坡打店、醉打蒋门神、大闹飞云浦、夜杀都监府、夜走蜈蚣岭、吊打白虎山和智取二龙山十部分，人物生动、情节跌宕、内容完整、结构严谨，足以达到酣畅淋漓的效果。紧接在《武十回》之后独立讲述的《宋十回》以宋江贯穿全文，主要刻画了宋江、张顺、张横、李逵等英雄好汉的形象，细致叙述了他们上梁山的曲折经历。也分为 10 回，即清风山结义、清风寨闹花灯、闹青州、宋江起解、闹江州、梁山定计、沿江聚义、混城、劫法场、活捉黄文炳。另外，《石十回》包括长街遇石秀、智杀淫僧、大闹翠屏山等 10 回；《卢十回》分为一打曾头市、计赚卢俊义、卢俊义遭难等 10 回。

最后，教给大家一些"评书"行话，让你也体验一番"评书中人"的感受：

黏箔——开办书馆的人；

询家——听众；

梁子——故事梗概；

扣子——故事悬念；

书道——故事大纲；

书胆——评书中的主人公；

择毛——听众给说书人提意见；

拧蔓——说完一部再换一部；

蔓子海——书说得越来越长……

三　快板快书

有一种说唱形式具有神奇的力量，它可以养家糊口，维持生计，这便是曾被称为"讨饭家伙"的快板。新中国成立前，沿街乞讨者常拿"快

板"进行卖艺。

快板又被称为"数来宝",富有音乐美,有些类似于"顺口溜"。我们先来读一段快板,感受一下它的乐趣:

> 甲:打竹板,数来宝,
> 　　先向大家来问好。
> 乙:数来宝,讲三快,
> 　　嘴快眼快心也快。
> 　　眼看心编嘴上说,
> 　　现编现演词得多。
> 甲:叫先生,别吹牛,
> 　　口吐莲花顺嘴流。
> 乙:怎么呢?
> 甲:不是我跟你说大话,
> 　　比起我,你技术不高水平差。
> 乙:你有什么技术?
> 甲:我眼快心快嘴也快,
> 　　标新立异独一派
> 　　……

怎么样? 找到些顺口溜的感觉了吧?

"不用剧场不用台,竹板一打唱起来",群众当然不会放过如此美妙的"快板",势必要将它的作用发挥到极致。于是,快板上战场、过雪山,跟着战士到处跑,成了一位名副其实的宣传兵。快板短小灵活,人们经常拿它鼓舞士气。创作快板的专家毕革飞被人们称为"快板大王",他在解放战争时期编创的《延安设下空城计》、《运输队长》等,号召力量很强,起了巨大的激励作用。此外,还有反映志愿军挖坑建道的《战士之家》,充满斗志昂扬的向上劲头:

志愿军，真能干，

个个都是铁打的汉，

扛起枪来杀敌人，

拿起铁锹能开山。

　　快板是快板类曲种的一员，在这类曲种中，还包含着一种名为"快书"的说唱形式。"快书"与"快板"都是采用一种似说非说、似唱非唱的艺术表演形式，但两者又有区别：说唱时运用的方言不同，曲调不一，节奏感也有明显差别。在"快书"中，尤以豪放、质朴、轻便的"山东快书"最为出名。因在新中国成立前，它多说武松的故事，又被称为"说武老二"。

　　山东快书的传统曲目就是《武松传》，它以紧张、犀利的冲突构成故事情节，粗犷、豪迈的语言又为其锦上添花，将武松不畏强权、刚毅勇猛、爱打抱不平的侠义性格生动地展现出来。《武松传》包括很多段子，例如与虎搏斗的《景阳冈》；痛打恶霸的《东岳庙》等。《武松传》中有描写武松高大形象的"膀子张开有力量，两眼一瞪像铃铛，巴掌一伸簸箕大……"；还有形容武松洪亮声音的"这一声喊不当紧，窗户纸震破好几张，酒缸摇得嗡嗡响，忽悠忽悠直撞墙……"

四　演唱故事

　　以上的相声、评书、快板、快书都是在"说故事"，现在再来听听"唱故事"。

　　"唱故事"时多有乐器伴奏。例如为河南"坠子"伴奏的"坠胡"，为"弹词"伴奏的"琵琶"，为"琴书"伴奏的"扬琴"，为大鼓伴奏的"鼓"和"三弦"，为"牌子曲"伴奏的"琵琶"、"三弦"与"四胡"……

　　"唱故事"，唱得内容也很丰富："唱"英雄好汉，以《水浒》、《三国》居多；"唱"凄美爱情，如《梁祝》、《白蛇传》、《孟姜女》；"唱"将士战兵，

如《李闯王》、《海上英雄》;"唱"百姓生活,如《小姑贤》、《杨八姐游春》……人们在田间地头休息时,少不了它们的陪伴。

在河北一带曾经流传着一首民歌,名为《小两口抬水》,后被人们改编成了一段鼓词:

> 有个大姐刚十七/四年不见二十一/找了个女婿刚十岁/不多不少大十一/小两口儿去抬水/一头高来一头低……刚说要把媳妇打/旁边来了个老头拾粪的/你这孩子太不懂事/再打你娘我不依/小女婿一听不乐意/骂一声"瞎眼老东西,别看我人小辈不小/我是她丈夫,她是我妻"/老头摆手说:"我不信,不是你亲娘是后的"/一句话倒说得大姐红了脸/不由得眼泪往下滴……回家去和爹娘讲道理/宁死不要这小女婿/我宁死不要这小女婿。

《小两口抬水》仅用四十几句唱词,就再现了夫妻俩在抬水路上所发生的一幕幕:大女人、小女婿,一高一低去抬水,显然极不般配。小女婿摔跤,要打老婆,拾粪老人误以为是儿子打母亲便上前拉架,谁知是夫妻俩闹别扭。作品不仅将人物神态描绘得栩栩如生,而且人物形象也是刻画得入木三分。一首短小的鼓词,唱出了小女婿的蛮横无理,道出了大姑娘的委屈愁闷,更是揭露了旧社会包办婚姻的丑恶现象。

第十章

草根班底，乡间演出

——民间小戏

　　民间小戏与正宗大戏同属于我国戏曲文化中的精湛艺术。虽然是一个戏班出身，但两者的戏曲风格却相差千里——如果说正宗大戏是为高雅人士欣赏的"阳春白雪"，那民间小戏就是给平民百姓观看的"下里巴人"。民间小戏记述了百姓的生活点滴，感受着百姓的喜怒哀乐，唱出了"乡土中国"的浓郁气息。

　　民间小戏是属于劳动人民自己的戏，自它出生之日起，就一直活跃在厨屋灶台、乡间小道、村镇庙堂之上。其角色主要有"二小"（小旦、小丑）或是在"二小"的基础上再加个"小生"，成为"三小"。所谓"旦"即指"农村妇女"；"丑"即"农村男子"；"小生"即财主贪官、地痞流氓、不务正业之人等。民间小戏说唱并茂，短小轻盈；载歌载舞，生动有趣，尤其是用乡音唱出的那份亲切之美更让人难以忘怀。

一　生活戏

　　民间小戏主要围绕百姓们的日常劳作、爱情婚姻、家庭生活，反映劳动人民平日里的酸甜苦辣。其多用风趣诙谐的语调唱出轻松愉悦的气氛，充满强烈的喜剧色彩。

　　山东吕剧的开山之作《王小赶脚》是一出既有歌唱又有舞蹈的轻松小喜剧。刚结婚不久的二姑娘雇赶脚工王小的驴回娘家,在途中,二姑娘与王小两人有说有笑,甚是欢乐。

　　王:大人小孩都有名有姓,你怎么叫俺小呀小的呢?

　　二:俺不知道你叫什么名,叫你小兄弟吧咱俩又不是亲戚,叫你小伙子吧俺还不好意思。

　　王:我的姓在百家姓里,你猜猜吧。

　　二:俺猜你姓赵。

　　王:不姓赵。

　　二:那姓钱?

　　王:有钱就不赶脚了。

　　二:那姓孙吧?

　　王:你才姓孙,俺不姓孙。

　　二:那准姓李?

　　王:有理走遍天下,无理寸步难行。俺一个赶脚的找什么理去。

　　二:那你姓赵钱孙李周吴郑王吧?

　　王:行了行了,说王别带吧(八),带吧把人骂。俺姓王,叫王小。

　　这是节选自《王小赶脚》中的一段对话,两人逗乐,趣味无穷。情节虽然再简单不过,但活泼的对话却造成了强烈的喜剧效果。二姑娘与王小讨价还价,王小却要二姑娘伸手用"捏七别八勾拉子九"打手势讲价,二姑娘说:"咱还是老辈里吃斋——口素(诉)吧!"王小说:"行! 那咱就老母猪吃豆——动嘴拱(工)吧!"对话中运用民间歇后语,更增添了小戏的乡土气息。新媳妇二姑娘与半大不小的王小幽默机智的对话,表现了两人乐观、开朗、豪爽的性格。故事最后,二姑娘答应帮王小找个好媳妇,二人欢天喜地地道别了。

　　我们再把关注的目光转移到家庭生活中,聊聊人们最有话说的"婆媳话题"。不过,咱这次换个角度,从小姑入手,看夹在亲妈与嫂嫂之间的小姑是如何在婆媳二人之间周旋解难的。

婆媳关系非常难处理,如果媳妇进门,再摊上个无理的小姑,那日子岂不是更加难熬! 但如果媳妇足够幸运,能碰到一位深明大义的小姑,说不定麻辣的婆媳关系会因此而有所缓和。假若不信,就过来看看《小姑贤》里所发生的一幕幕悲喜剧吧:

姚氏(婆婆):

长年的细水汇成河,
多年的媳妇熬成婆。
莫怪我老婆子心不公,
亲生的女儿最心疼,
媳妇好似眼中钉……

英英(小姑):

两人同端一碗饭,
嫂嫂端来你不吃,
女儿端来吃得欢,
一模一样的针和线,
嫂嫂拿来看不惯,
女儿拿来夸上天,
只怪娘的心太偏,
见了嫂嫂你厌恶,
只疼自己的亲旦旦……
……

姚氏(婆婆):

为娘我今后一定改,
从今往后再也不偏心,

姑嫂两人常作伴，

一样穿来一样吃。

姚氏年轻守寡，含辛茹苦将一双儿女抚养成人。儿子娶妻后，婚姻美满，可婆婆对媳妇却是十分挑剔，将媳妇视为眼中钉、肉中刺。小姑英英实在看不下去嫂嫂的遭遇，想尽一切办法改变母亲的态度，包括教哥哥如何"做两面派"——既不让母亲生气，又不让媳妇受气；甚至还假意哭闹投井自杀，让母亲设身处地得为嫂嫂着想……终于，婆媳关系得到改善，家庭气氛也变得和睦温馨。

在民间小戏中，还有一部分作品的唱词如同民歌小调，十分口语化，很是接近百姓生活。例如黄梅戏《打猪草》中的"对花"、河北梆子《小放牛》中的"盘歌"：

陶金花：丢下一粒籽；金小毛：发了一颗芽。

陶金花：么秆子么叶？金小毛：开得什么花？

陶金花：结得什么籽？金小毛：磨得什么粉？

陶金花：此花儿叫做……

合：呀得儿呀得儿，喂呀得儿喂呀得儿，叫做什么花？

——选自《打猪草》

天上梭椤什么人栽？

地下的黄河什么人开，什么人把守三关外？

什么人出家就没有回来那个咿呀嗨？

天上梭椤为王母娘娘栽，

地下的黄河老龙王开，杨六郎把守三关外，

韩湘子出家就没有回来那个咿呀嗨……

——选自《小放牛》

《打猪草》以小女孩陶金花和小男孩金小毛之间发生的一次纠葛为线索，用充满青春、逗趣、喜人的语调将孩子们质朴的善良、天真的可爱尽展无遗，让听众产生一种耳目一新的感觉。《小放牛》主要描写了邻村姑娘向牧童问路，两人一来一去相互盘歌的场景，纯朴

黄梅戏《打猪草》剧照

的语言，生动的形式，听得人们如醉如痴。

以"日常生活"、"婚恋爱情"为主题的民间小戏还有很多，例如：嘲讽丈夫好吃懒做的柳琴戏《喝面叶》；嘲笑小丈夫怕老婆的河北秧歌《顶砖》；讽刺秀才一心只想取得功名的楚剧《磨豆腐》；表现孤儿寡母相依为命、辛勤劳作的江西采茶戏《三伢子锄棉花》；歌颂青年男女纯美爱情的山西秧歌《打酸枣》、睦剧《补褙褡》、江西采茶戏《补皮鞋》；反映寡妇恋爱再找对象的《王大娘补缸》、《双推磨》；更有一些小戏通过"拌嘴"的方式，让听众在嬉笑怒骂声中感受有滋有味的生活，如《骂鸡》、《借髢髢》等。

二　斗争戏

在民间小戏中，还有一部分饱含着人民誓与封建剥削者抗争到底的激情的作品，它们大都以劳动人民的胜利宣告结束，洋溢着乐观主义的高昂情绪，赢得了人们的阵阵掌声。

楚剧代表作之一《葛麻》就是一部歌颂和嘲讽融为一体的喜剧，它歌颂了长工葛麻的正直、勇敢与机灵；嘲讽了地主马铎的刻薄、势力与愚蠢，将两人形成了鲜明的对比。暴发户马铎嫌贫爱富，为了经济上的利

益,宁肯牺牲自己女儿的幸福,与已定婚约的穷女婿张大洪退婚。爱打抱不平的长工葛麻出手相助,机智巧妙地将马铎戏弄了一番,使张大洪与马铎女儿这对有情人终成眷属。

葛麻:"要是马铎叫你:'张大洪',你就回答:'小婿在。'他骂你:'狗奴才',你就接:'岳父大人。'他要让你写退婚文书,你就说:'小婿告辞。'"

张大洪:"他要问我去哪里呢?"

葛麻:"你就说:'回坟前问爹娘写是不写。'他肯定会说:'人死岂能复生!'你就说:'定亲岂能退婚!'"

这些对话短兵相接、锋利尖锐,但又幽默诙谐、风趣盎然,畅快淋漓地将马铎痛斥了一番,最大快人心的是这些反击的妙言使得马铎有话讲不出,有气撒不出。

封建统治者不仅在经济上剥削欺压百姓,就是在生活作风上也是贪酒好色,放荡淫乱。别看他们人前衣冠楚楚,背后却偷鸡摸狗,常常仗势凌辱穷家女子。但,女人也不会那么容易就被人欺负,她们虽然表面上弱不禁风,可头脑中的智慧不能小觑!

山西秧歌戏《当板箱》就讲述了一位穷苦女子与当铺老板斗智斗勇的故事。女子去当铺当衣物,老板却相中其美貌,还不知羞耻追人到家。"大智慧"的"小女子"把愚笨的老板哄进板箱,与众人一起将他抬到自家店铺去"当",使好色老板出尽了洋相。

三 苦情戏

民间小戏虽以喜剧居多,但也有反映人们生活苦难的小悲剧,例如《走西口》。

铺盖抱在怀，掉下泪蛋蛋来，

咱本是恩爱夫妻，怎能分离开。

哥哥你要走，妹妹也难留，

怀抱铺盖卷，递到哥哥手里头。

……

　　在这部凄凉哀婉的二人台剧目《走西口》中，上演了一场夫妻离别的悲情戏。因家乡受灾严重，迫于生计，无奈之下的河曲农民太春只得背井离乡，与新婚妻子孙玉莲分别。他要走西口，走到口外谋求一条生路。

　　《走西口》主要流传于山西、陕西以及内蒙古大部分地区，这一带土壤贫瘠、天气干旱、气候恶劣，人们的生活十分艰难。因此，很多人选择"走西口"。在"走西口"的道路上充满着太多的荆棘和危险，不少人"一去不复返"，葬身于口外或是沙漠中。在这生离死别的时刻，《走西口》的深情对唱，再配上人们的舞蹈表演，怎能不使人感动落泪！

　　《走西口》字字血，句句泪，真实地反映了旧社会老百姓流离失所的悲惨情状，揭露了人吃人、人被人吃的剥削实质。另外，通过夫妻离别时的情愁别绪，展现了劳动人民深厚、纯朴、真挚的爱情。

　　《走西口》就是民间文艺中的一朵奇葩，经久不衰，传唱不竭……这是一段移民的经历，更是一部创业的史记。

图书在版编目（CIP）数据

中国民间文学入门寻味／李中昕编著.—贵阳：
贵州人民出版社，2013.9（2021.3 重印）
ISBN 978－7－221－11289－7

Ⅰ.①中… Ⅱ.①李… Ⅲ.①民间文学－文学史－中
国－青年读物②民间文学－文学史－中国－少年读物
Ⅳ.①I207.7－49

中国版本图书馆 CIP 数据核字（2013）第 201258 号

中国民间文学入门寻味

李中昕　编著

出版发行	贵州出版集团　贵州人民出版社
地　　址	贵阳市中华北路 289 号
责任编辑	徐　一
封面设计	连伟娟
印　　刷	三河市腾飞印务有限公司
规　　格	850mm×1168mm　1/16
字　　数	130 千字
印　　张	10.25
版　　次	2014 年 7 月第 1 版
印　　次	2021 年 3 月第 2 次印刷

书　号：ISBN 978－7－221－11289－7　定　价：27.00 元

"快乐阅读"书系首批书目

语文知识类

秒杀错别字

点到为止
——标点符号的正确使用

当心错读误义
——速记多音字

错词清道夫

巧学妙用汉语虚词

别乱点鸳鸯谱
——汉语关联词的准确搭配

似是而非惹的祸
——常见语病治疗

难乎？不难！
——古汉语与现代汉语句法比较

作文知识类

议论文三步上篮

说明文一传到位

快速格式化
——常见文体范例

数学知识类

情报保护神——密码

来自航海的启发——球面几何

骰子掷出的学问——概率

数据分析的基石——统计

文学导步类

中国诗歌入门寻味

中国戏剧入门寻味

中国小说入门寻味

中国散文入门寻味

中国民间文学入门寻味

文学欣赏类

中国历代诗歌精品秀

中国历代词、曲精品秀

中国历代散文精品秀

语言文化类

趣数汉语"万能"动词

个人修养类

中国名著甲乙丙

世界名著 ABC